Wenn Fußballer den Mund aufmachen, wird anschließend oft herzhaft gelacht. Ist ja auch zu drollig, wenn Roland Wohlfahrt bei «zwei Chancen, ein Tor» tatsächlich eine «hundertprozentige Chancenverwertung» erkennt. Oder Fritz Walter verkündet, die Sanitäter hätten ihm «eine Invasion» gelegt. Und das Gesamtwerk des Andreas Brehme erst. Dieses Buch versammelt all die launigen Aphorismen, die transzendentalen Weisheiten, die kunstvollen Miniaturen der Fußballer und ordnet sie entlang großer gesellschaftlicher Themen. Ob Religion, Philosophie, Föderalismus oder zum Gesundheitswesen – Kicker haben zu jedem Thema etwas zu sagen. Am Ende weiß auch der Leser, was der ehemalige Bundestrainer Berti Vogts bereits ahnt: «Die Realität ist anders als die Wirklichkeit.» Oder umgekehrt.

Philipp Köster

FAST JEDES TOR EIN TREFFER

Wahrheiten aus der
Welt des Fußballs

Empfohlen von 11 Freunde
www.11freunde.de

Rowohlt Taschenbuch Verlag

Originalausgabe
Redaktion Bernd Gottwald

Veröffentlicht im Rowohlt Taschenbuch Verlag,
Reinbek bei Hamburg, Mai 2006

Umschlaggestaltung ZERO Werbeagentur, München
(Foto: getty images/David Leahy)
Fotos im Innenteil rowohlt
Bearbeitung Anja Sicka
Satz aus der Clarendon, AG und Sabon PostScript
(InDesign) bei Pinkuin Satz und Datentechnik, Berlin
Druck und Bindung Druckerei C. H. Beck, Nördlingen
Printed in Germany
ISBN 13: 978 3 499 62146 8
ISBN 10: 3 499 62146 0

Inhalt

FAST JEDES TOR EIN TREFFER

Die Würdigung eines verschütteten Genres

Eigentlich haben Fußballprofis ein formidables Leben. Bisschen trainieren, bisschen spielen, ansonsten wird gepflegt mit der Spielerfrau vor dem Elektrokamin im frisch bezogenen Eigenheim abgehangen. Oder um es mit dem altersweisen Bundesligatrainer Hans Meyer zu sagen: «Als Fußballprofi hat man eine herrliche Zeit. Die Spieler kommen morgens um neun, trinken Kaffee, halten ein Schwätzchen, danach eine kleine Mannschaftsbesprechung, 90 Minuten Training, eine Stunde Nachbereitung. Und nachmittags gehen sie dann mit der Mutti auf die Kö nach Düsseldorf. Die können einkaufen, während andere noch an der Maschine stehen.»

Das einzig Dumme am Job als Fußballer ist, dass man stets und ständig ein Mikrofon unter die Nase gedrückt bekommt und Auskunft geben muss. Zum Spiel am letzten Samstag, zum neuen Trainer, zur ausgeheilten Verletzung, zur Stimmung in der Mannschaft, zur Rechtschreibreform, zur Lage der Nation, nochmal zur Stimmung in der Mannschaft, nochmal zum Trainer und vor allem zur alles entscheidenden Frage: «Wie fühlen Sie sich?» Das ist manchmal ziemlich lästig, vor allem dann, wenn in der Birne gerade gähnende Leere herrscht und sich partout gerade kein kluger Gedanke bilden will.

Es ist nur allzu verständlich, dass Fußballprofis nicht auf jede Frage einen launigen Aphorismus oder ein kluges Zitat von Adorno parat haben und dass sie sich manchmal sogar ein klein wenig verheddern, in Sätzen, die schon kompliziert angefangen haben und irgendwie zu Ende gebracht werden müssen. Also verkündete Fritz Walter der Jüngere tapfer: «Die Sanitäter haben mir sofort eine Invasion gelegt.» Roland Wohlfarth hebelte kurzerhand achthundert Jahre Prozentrechnung aus den Angeln: «Zwei Chancen, ein Tor – das nenne ich hundertprozentige Chancenauswertung.» Und Franz Beckenbauer ignorierte einst

forsch alle kalendarischen Erfahrungswerte: «In einem Jahr habe ich mal 16 Monate durchgespielt.»
Nun galten all diese verdrehten, krummen und schiefen Weisheiten eine Zeit lang als der Beleg schlechthin für die grundlegende Debilität des Fußballers an sich. Wer sein Leben damit zubringt, in kurzen Hosen einem Ball hinterherzurennen, muss halt ganz prinzipiell dumm sein wie Brot. Solche Arroganz verhinderte allzu lange eine ernsthafte Auseinandersetzung mit dem Genre der Fußballerweisheit und kulminierte Mitte der neunziger Jahre auf jeder Festivität zu schenkelklopfendem Billigvergnügen. Seither sind viele Weisheiten schlicht niederzitiert. Damals allerdings genügte auf Partys völlig, dass einer begann zu deklamieren: «Madrid oder Mailand», schon fiel eine grölende Meute ein: «Hauptsache Italien, bruahaha.» Von denen, die sich da über den Geographiefreund Andreas Möller so köstlich amüsierten, bekam sicher über die Hälfte nicht einmal drei von sechzehn Bundesländern zusammen. Gerne wurde auch aus mangelnder Kenntnis über wissenschaftliche Kapazitäten gelacht. Wie ungerecht wurde etwa dem guten, alten Horst Hrubesch mitgespielt, nur weil der nach der EM 2000 völlig berechtigt darauf hingewiesen hatte, man müsse das ganze Turnier noch einmal «Paroli laufen lassen». Wieder Bruahaha und rot geklopfte Schenkel. Völlig ignoriert wird dabei das Gesamtwerk Hrubeschs, immerhin Co-Autor des 1980 erschienenen Standardwerks für Dorschangeln vom Boot und an den Küsten mit dem Titel «Dorschangeln vom Boot und an den Küsten».
Und manche Weisheiten taugen mittlerweile noch nicht einmal, um sie an Buffets lausiger Studentenpartys in der Bonner Südstadt anzubringen. Wer je akkurat gescheitelte Nachwuchsjuristen mit Apfelsaftgläsern in der Hand und unter dröhnendem Gelächter die Spruchweisheit «Den größten Teil meines Geldes habe ich für Alkohol, Weiber und schnelle Autos ausgegeben. Den Rest habe ich einfach verprasst» verkünden sah, der ist dankbar, dass der gute George Best das nun nicht mehr erleben muss. Auch jede Variation von Giovanni Trapattonis gestammeltem Ausruf «Ich habe fertig» ist verbraucht und verboten, spätestens seit Oskar Lafontaine damit eine Rede im Bundestag beschloss.

Mittlerweile hat sich jedoch die Szenerie beruhigt, und der Weg scheint frei für eine seriöse Beschäftigung mit den Philosophen am Ball. Denn wer genau hinschaut, sieht in den Einlassungen der Trainer, Spieler und Funktionäre bizarre Komik, transzendentale Philosophie, Bibelexegese und experimentelle Prosa trefflich vereint. Um es mit dem ehemaligen Bundestrainer und kritischen Theoretiker Berti Vogts zu sagen: «Die Realität ist anders als die Wirklichkeit.» Oder umgekehrt.

Begonnen werden muss vor allem mit einer gründlichen Quellenforschung. Noch immer vagabundieren nämlich zahlreiche Blindgänger durch die Sammlungen. Rätselhaft zum Beispiel, warum noch immer hin und wieder Jürgen Klinsmann als Urheber des Zitats: «Der Rizzitelli und ich, wir sind ein gutes Trio, Entschuldigung, Quartett» benannt wird, wo doch allein Fritz Walter, dem Jüngeren, dieser flotte Einzeiler einfiel. Auch andere Forschungszweige wie die dritte Person im Frühwerk Lothar Matthäus' («Ein Lothar Matthäus kann es sich nicht leisten, sich zu blamieren») und die radikale Abkehr im Spätwerk («Ein Lothar Matthäus braucht keine dritte Person. Er kommt sehr gut allein zurecht») oder die Kommunikation bei Mario Basler («Das habe ich ihm dann auch verbal gesagt») stehen noch ganz am Anfang.

Zu den erstaunlichen Entwicklungen gehört außerdem, dass die Urväter des feinsinnigen Fußballspruchs nur wenig bis gar nicht gewürdigt wurden. So blühte bereits in den dreißiger Jahren des 20. Jahrhunderts der Mutterwitz auf den Fußballplätzen, maßgeblich befruchtet wurde die Disziplin damals vom Urvater des launigen Fußballerspruchs, Ernst Kuzorra. Der war um keine schnelle Replik verlegen, antwortete auf die Frage «Wo liegt Gelsenkirchen?» schnell und goldrichtig: «Bei Schalke!» und wusste auch um den Sinn der üppigen Buxen, die die Spieler einst trugen, nämlich nur, «weil wir so lange Dödel hatten». Dass Kuzorra heutzutage längst nicht die Reputation eines Andreas Brehme oder Mario Basler besitzt, ist allein den damaligen Verhältnissen geschuldet. Dabei entstand insbesondere in den sechziger Jahren eine regelrechte Schalker Schule, maßgeblich befruchtet durch Reinhard «Stan» Libuda und seine an Albert Camus und französischen Existenzialisten geschulten Einsichten: «Ich bin ein Anderer.» Als mindestens ebenso einflussreich erwies sich ein anderer Fußballphilosoph aus dem Ruhrgebiet. Horst Szymaniaks ganz eigene Bruchrechnung, nach der er keinesfalls ein Drittel, sondern mindestens ein Viertel mehr Lohn bekommen wolle, wurde zur Berechnungsgrundlage für ganze Generationen von Fußballprofis. Meisterschaftsprämien, Ratenzahlungen für den Sportwagen, windige Bauherrenmodelle, alles wurde seither nach dem Szymaniak-Schlüssel ausgerechnet.

Das wichtigste Jahrzehnt der Fußballersprüche waren jedoch ohne Zweifel die neunziger Jahre. Eine schon heute sagenumwobene Dekade, die nahezu alle großen Denker und Theoretiker hervorbrachte, von Lothar Matthäus über Mario Basler und Jürgen Wegmann bis hin zu Stefan Effenberg und Andreas Möller. Sie alle begründeten eine der wichtigsten Bewegungen des Genres, die Begründung aus sich selbst, ob Möllers Einlassung «Vom Feeling her ein gutes Gefühl» oder Matthäus' Expertise «Ich hab gleich gemerkt, das ist ein Druckschmerz, wenn man draufdrückt». Und noch mal Matthäus: «Wenn man sich einredet, man ist müde, dann ist man müde.»

Wie diese sind überhaupt all die Weisheiten praktische Lebenshilfe, vermitteln sie doch Halt und Orientierung in einer zunehmend unübersichtlichen Welt. Fürchtet euch nicht, lautet stets die Botschaft, denn alles ist beherrschbar. Oder, um es mit dem großen Philosophen Klaus Augenthaler zu sagen: «Egal, wie man es macht, man macht es verkehrt, also machen wir es richtig.» So einfach ist das manchmal, im Fußball und im Leben.

«Fast jedes Tor ein Treffer» dokumentiert nicht nur die schönsten, treffsichersten und schillerndsten Aphorismen und Spruchweisheiten der Kickergilde, sondern ordnet sie zugleich entlang ihrer Relevanz für die großen gesellschaftlichen Themen. So erscheint nicht nur manches vermeintlich dahingeworfene Statement in gänzlich neuem Licht, es entsteht zugleich ganz zwangsläufig eine kleine Philosophie des Fußballs, formuliert von den Kickern selbst.

FUSSBALL UND...

KÖRPER & GEIST

Es ist schon verdammt lange her, da spielte in England ein Torwart, der brachte zu Spitzenzeiten rund 145 Kilo auf die Waage. William «Fatty» Foulke spielte bei Sheffield und Chelsea, rammte schon mal allzu aufmüpfige Gegner mit dem Kopf zuerst in den Schlamm, futterte seinen Mannschaftskollegen das Frühstück weg und faustete so ungestüm, dass manche Torlatte zerbrach. Heute hätte ein Schwergewicht wie Foulke nur noch wenig Aussichten auf einen Stammplatz im Tor. Denn Fußballer sind inzwischen gertenschlanke und wohl trainierte Herren mit voluminösen Muskeln an den Oberschenkeln. Vollschlanke Herren tummeln sich nur noch auf der Tribüne und am Spielfeldrand. Der ehemalige Leverkusener Manager Reiner Calmund zum Beispiel, dessen beachtliche Leibesfülle lange Jahre als die größte Touristenattraktion der kleinen Stadt am Rhein durchging. Oder auch Frank Pagelsdorf, der als Spieler bei Arminia Bielefeld und Borussia Dortmund noch durchaus athletisch daherkam, sich allerdings nach der Karriere in Windeseile einen ordentlichen Ranzen anfutterte und schließlich von einer Boulevardzeitschrift zu einer Diät verdonnert wurde. Pagelsdorf stand stramm:

Ich glaube nicht, dass meine Person einen Schatten wirft. Vielleicht von der Figur her, aber sonst nicht.

(Frank Pagelsdorf im Kernschatten)

Unter den Einäugigen ist der Dreibeinige der König.

(Reiner Calmund steht sicher)

Auch ein Franz Beckenbauer kann einmal den Spielern in den so genannten Hintern treten.

(Der so genannte Lothar Matthäus)

Ich will ja nicht sagen, dass der Job mich ausgesogen hat wie ein Vampir, aber selbst beim Essen daheim oder beim Zusammensein mit Freunden war ich geistig abwesend.

(Berti Vogts blickt zurück aufs Bundestrainerdasein)

Das ist schon so lange her, da muss ich noch Dauerwelle gehabt haben.

(Martin Pieckenhagen auf die Frage, wann Hansa Rostock das letzte Mal zu null gespielt habe)

Ich bin körperlich und physisch topfit.

(Thomas Häßler denkt ganzheitlich)

Da hält ein Gladbacher einfach seinen hässlichen Fuß hin.

(Sebastian Kehl möchte gar nicht hinschauen)

Körperlich haben wir keine Probleme – physisch müssen wir was tun.

(Egon Coordes auch)

Vielleicht war es mit mir wie mit Helmut Kohl. Dessen Gesicht haben sie ja auch nicht mehr gewollt.

(Berti Vogts auf Augenhöhe)

Diese Jammertitten!

(Reiner Calmund misst Dortmunder Körbchengrößen)

So einen Ball kann man ja halten, da kann man ja ohne zwei Arme und zwei Beine spielen.

(Kahn über einen, seinen Patzer)

Peter, der Friseur ist da!

(Plakat Schalker Fans beim 2:1 in Bochum. VfL-Trainer Neururer hatte angekündigt, sich bei einer Niederlage die Matte abnehmen zu lassen)

Die Bayern spielen völlig kopflos. Sie wollen mit dem Kopf durch die Wand.

(Oskar Klose zieht den Kopf ein)

Uns steht ein hartes Programm ins Gesicht.

(Andreas Brehme schaut gar nicht gut aus)

Man darf über ihn jetzt nicht das Knie brechen.

(Rudi Völler, besorgt)

Mir ist ein Felsen vom Körper gefallen.

(Sieht man Reiner Calmund nicht an)

Stoichkov zeigt mit seinen Augen auf die Bank.

(David Pleat über ein Kunststück)

Zola hat zwei Füße.

(David Pleat erzählt Erstaunliches)

Wir sind heute mit aufgehobenen Köpfen wieder rausgegangen.

(Youri Mulder, sorgfältig)

Der wird nicht älter, das Problem ist nur, er wird auch nicht jünger.

(Werner Hansch problematisiert)

Der Pamic bringt schon gehörige Körpermasse mit, wenn er den schmalbrüstigen Jesus anspringt.

(Otto Rehhagel geht in Deckung)

Wenn kein Sprit im Tank und die Birne leer ist, läuft nichts.

(Einmal voll tanken, Reiner Calmund)

Das muss man genießen, was er in den Zehen hat, was für eine Sensibilität.

(Fritz von Thurn und Taxis zieht es die Socken aus)

Ein Fußballspiel ist kein Germanistenkongreß. Dementsprechend direkt und ungeschminkt geht es bisweilen auf dem Platz zur Sache, ganz egal, ob gerade der Schiedsrichter, der Gegenspieler oder ein Kollege aus der eigenen Mannschaft nebenan herumsteht. Legendär der hochgradig erregte Wolfram Wuttke, der den verdatterten Linienrichter verdächtigte, «er scheiße sich gerade vor sich selbst in die Hose», was ja durchaus ein Kunststück gewesen wäre. Ebenfalls im Wahn hatte der Hamburger Keeper Martin Pieckenhagen den dringenden Rat an sich und seine Mannschaft formuliert: «Arsch hoch, Eier zeigen.» Was auch für HSV-Sympathisanten keine schöne Vorstellung war.

Ich habe kein Problem damit, der Arsch zu sein.

(Oliver Kahn unproblematisch)

Wir haben beschissen gespielt. Unsere Spieler scheißen sich in die Hosen.

(Bayer-Manager Reiner Calmund hat auch schon was gerochen)

Man muss sehen, dass man keine Pickel am Arsch kriegt, und was unterschieben.

(Bankdrücker Joachim Hopp fachmännisch)

Wir müssen uns schleunigst in den Arsch treten.

(Mirko Dickhaut akrobatisch)

Da geht er durch die Beine, knapp an den Beinen vorbei, durch die Arme.

(Gerd Delling kann sich nicht entscheiden)

Also, das Einzige, was hier läuft, ist der Schweiß von Schiedsrichter Thompson.

(Gerd Rubenbauer riecht)

Ja, das ist Arigo Sacchi. Es heißt ja Forza Italia, und bald hat er seinen letzten gelassen!

(Eurosport-Kommentator Wolfgang Ley schnuppert schon mal)

Die Achillesferse von Bobic ist die rechte Schulter.

(Gerd Rubenbauer hatte in Biologie eine 4 plus)

Ich werde mir Mühe geben und ab jetzt versuchen, nur noch sympathisch zu grätschen.

(Jeff Strasser mit viel gutem Willen)

Der krempelt die Arme hoch.

(Reiner Calmund lobt Carsten Ramelow)

Berti Vogts hatte vor jedem Spiel gegen mich Dünnschiss.

(Willi «Ente» Lippens hielt schon mal Windeln bereit)

Wenn man zu früh auf andere schaut, vergisst man, das Wesentliche aus den Augen zu verlieren.

(Jens Nowotny konzentriert sich)

Ich will an meinem rechten Fuß feilen.

(Michael Tarnat wühlt im Werkzeugkasten)

Meine Spieler standen heute neben ihren Füßen.

(Eduard Geyer ist schockiert)

Überall in Mitteleuropa fehlen die Bedingungen für den Straßenfußball – deshalb müssen wir ihn im Training simulieren. Bisher wird nur jeder Mist von oben kopiert: Die haben noch keine Muskeln zum Stretchen, da dehnen die schon.

(Hans Meyer bittet zum Aufwärmen)

Ich kann ihn doch nicht kleiner machen und die Beine absägen.

(Rudi Assauer über den glücklosen Stürmer Victor Agali)

Ich komm aus Bottrop – da wirsse getötet, wenne datt inne Muckibude machs!

(Willi Landgraf lehnt Step-Aerobic ab)

Manchmal denk ich, was da auf meinem Hals sitzt, ist nur ein riesiger Fußball.

(Ewald Lienen schaut besser nicht in den Spiegel)

Sogar ich kann hier sitzen.

(Der beleibte Reiner Calmund macht es sich in der Arena Auf Schalke bequem)

Was meine Frisur betrifft, da bin ich Realist.

(Rudi Völler ehrlich)

Die Fans stehen jetzt im wahrsten Sinne des Wortes voll hinter der deutschen Mannschaft.

(Gerd Rubenbauer über das einzige Wahre)

Der springt so hoch, wenn der wieder runter kommt, liegt auf seiner Glatze Schnee.

(Norbert Nachtweih staunt über Dieter Hoeneß)

Der linke Fuß ist seiner, der rechte nicht.

(Marcel Reif über Stephane Chapuisat)

In Leverkusen schielen heute alle auch mit den Ohren nach Bochum.

(Oliver Koch lauscht mit den Augen)

Ein Schuss wie ein flauer Darmwind.

(Werner Hansch würdigt eine Aktion von René Rydlewicz)

Eier, wir brauchen Eier!

(Oliver Kahn wartet auf Ostern)

Zwischenruf: Deutschland

Der deutsche Nationalcharakter, fußballerisch gesehen, war bis vor wenigen Jahren eindeutig zu benennen. Spielerisch unauffällig mit der starken Tendenz zum Ballgeschiebe an der Mittellinie, dafür allerdings mit beeindruckender Moral und schier unbändigem Kampfgeist versehen, und, ganz wichtig, am Ende immer Sieger.
Kurz gesagt: der deutsche Nationalcharakter sah aus wie eine Mischung aus Hans-Peter Briegel, Paul Steiner und Bernd Förster. Mittlerweile kommen wir zwar optisch ein bisschen besser weg, der Steiner'sche Schnauzbart ist ausgestorben. Dafür hat der Deutsche kurz nach der Europameisterschaft 1996 das Siegen verlernt. Regelmäßig war seither in Vorrunden oder Viertelfinalpartien Schluss. Wie man einen Silberpokal hochhält, wissen unsere Nationalspieler nur aus Erzählungen ihrer brasilianischen und französischen Vereinskollegen. Und deshalb schaut «der Deutsche» (Berti Vogts) derzeit neidisch auf die Nationalcharaktere anderer Länder. Auf die Brasilianer zum Beispiel, die mit dem Ball Dinge anstellen, die deutsche Kicker auf keinen Fall nachmachen dürfen, weil sonst gleich mal vier Wochen Reha-Zentrum bei Fitmacher Bernd Restle fällig sind.

Aber der Trainer weiß doch, dass es für einen Brasilianer normal ist, dass er zu spät kommt.

(Giovane Elber kommt später aus dem Urlaub zurück)

Wenn die Deutschen gut spielen, dann werden sie Weltmeister, wenn sie schlecht spielen, dann kommen sie ins Finale!

(Michel Platini mutlos)

Vielleicht liegt es ja daran, dass so viele Deutsche verletzt sind.

(Warum sind die Bayern gerade so gut, Franz Beckenbauer?)

Der Deutsche hat nie Angst.
(Berti Vogts schlottert)

Deutsche Teams sind immer deutsche Teams.
(Und Michel Platini bleibt immer Michel Platini)

Die Hitze kann für die deutschen Spieler sogar ein Vorteil sein. An einem Urlaubsort sieht man in der Mittagshitze auch immer nur Deutsche draußen, also kommen wir mit der Temperatur sogar besser zurecht.
(Erich Ribbeck bucht Urlaub auf Ibiza)

Fußball ist ein Spiel, bei dem 22 Mann einem Ball hinterherlaufen und am Ende gewinnt immer Deutschland.
(Gary Lineker formuliert einen Kalauer)

Da, wo ich herkomme, ist es ganz gut, wenn man diesen Blick draufhat!
(Der Südafrikaner Sibusiso Zuma auf die Frage, warum er so finster dreinblicke)

Jetzt! Jetzt betritt Otto Rehhagel deutschen Boden!
(Rolf Töpperwien ejakuliert bei der Rückkehr von Werder Bremen nach dem Europapokalsieg 1992)

Ohne Zidane werden die Franzosen menschlicher.
(Der große Humanist Franz Beckenbauer)

Verallgemeinert wird allgemein gerne, vor allem aber, wenn es um afrikanische Mannschaften geht. Dann setzen nämlich europäische Trainer den Tropenhut auf und geben den launigen Kolonialherren. Andere wiederum lösen blutrünstige Konflikte im Handumdrehen wie der Weltenbummler Rudi Gutendorf in Ruanda («Flanke Tutsi, Kopfball Hutu»). Und wiederum

Dritte, die in ihrem Leben noch keinen Fuß auf den afrikanischen Kontinent gesetzt haben, wissen genau, wie es so dort zugeht. Da lästerte dann Max Merkel: «Der Dettmar Cramer hat doch nur den Schwarzen im Senegal beigebracht, wie man Kakteen umdribbelt.» Cramer wusste allerdings zu kontern: «Im Senegal gibt es keine Kakteen!»

Wie der Afrikaner lebt, so spielt er auch Fußball.
(Globetrotter Berti Vogts)

Eine afrikanische Mannschaft zu trainieren ist für jeden europäischen Trainer wie einen Haufen Termiten zu trainieren!
(Entwicklungshelfer Gottfried Weise)

Der Serbe an sich ist leichtsinnig im Umgang mit Chancen.
(Lothar Matthäus an sich)

Da hilft nur: Bein aufsägen und Jahresringe zählen.
(Otto Pfister zur Altersbestimmung bei Ghanaern im Allgemeinen und Anthony Yeboah im Speziellen)

Die deutschen Spieler hören erst dann auf zu kämpfen, wenn sie im Bus sitzen.
(Und selbst das weiß Hollands Ronald Koeman nicht genau)

Die Franzosen sind ja gute Engländer geworden.
(Reinhold Beckmann)

Die Koreaner stinken zwar nach Knoblauch, das ist aber noch lange kein Grund, sie nicht zu decken!
(Wolfgang Ley kulinarisch)

TIEFENPSYCHOLOGIE

Fußballerseelen sind schlicht gestrickt. Ein aufmunternder Klaps auf den Hosenboden vom neuen Trainer, schon trifft der Monate lang sagenhaft erfolglose Stürmer wieder und verkündet hinterher strahlend im Interview: «Der neue Coach gibt mir das Selbstvertrauen, das ich brauche!» Schön, dass es noch so was gibt. Manche Übungsleiter haben sich allerdings auf psychologische Darbietungen spezialisiert, was viele Spieler wiederum ein klein wenig anstrengend finden. Christoph Daum zum Beispiel ließ seine Spieler über Glasscherben latschen, Klaus Toppmöller brachte seinen Frankfurter Schützlingen gar einen ausgewachsenen Steinadler mit, von wegen Eintracht-Wappentier und Stärke und überhaupt. Spieler und Adler bedankten sich herzlich.

Geldscheine an die Kabinentür zu hängen oder über Glasscherben zu laufen: Mir ist so etwas zu platt. Das entspricht dem Klischee des doofen Fußballspielers. Solche Dinge auszuprobieren, ist ballaballa.

(Mönchengladbachs Trainer Holger Fach über Motivationskünstler)

Ich spiele weiterhin mit Risiko. Schließlich profitieren alle davon: Wir, das Publikum und auch der Gegner.

(Aad de Mos als Trainer von Werder Bremen)

Wir sind insgesamt so gefestigt, dass jeder die Meinung des Trainers akzeptiert.

(Dieter Eilts generös)

Sicher, er hat den einen oder anderen menschlichen Zug.

(Rainer Schütterle über Oliver Kahn)

Der Trainer wird uns schon auf den Boden zurückholen. Morgen wird es den längsten Waldlauf der Geschichte geben!
(Jan-Aage Fjörtoft schwant nach einem 4:0 unter Felix Magath Fürchterliches)

Ich dachte, der hat 'ne Macke.
(Eduard Geyer therapiert Keeper Piplica)

Das ist eine Deprimierung.
(Andreas Möller niedergedrückt)

Ich glaube, wir haben zwei unkonzentrierte Fehler gemacht.
(Ciriaco Sforza konzentriert sich)

Wie soll ich mich fühlen? Ich freue mich immer über Niederlagen!
(Wie fühlen Sie sich, Christoph Daum?)

Seit drei, vier Wochen haben die Spieler keine Angst mehr vor mir.
(Hans Meyer fragt sich, warum es bei Borussia Mönchengladbach so gut läuft)

Wenn der Kopf nicht da ist, sondern nur eine Hülle, dann ist es egal, ob du mit einer Viererkette spielst oder einer Schneekette.
(Klaus Augenthaler schwört auf Allwetterreifen)

Das Spiel heute war ein wichtiges Spiel. Die elf Spiele zuvor waren wichtige Spiele, das Spiel am Freitag gegen Mönchengladbach wird ein wichtiges Spiel, und die folgenden 21 Spiele werden auch wichtige Spiele. Alle Spiele sind wichtig.
(Hansa Rostocks Trainer Ewald Lienen)

Man hat bei uns das Gefühl, einer schießt und die anderen drücken die Daumen.
(Richard Golz über psychische Mechanismen)

Bei uns ist mittlerweile ja fast alles verboten.

(Gladbachs Torjäger Toni Polster zum Video-, Handy- und Kartenspiel-Verbot von Trainer Bonhof)

Die Fans werden von außen aufgehetzt.

(Frankfurts Coach Fanz über Rufe nach Vorgänger Ehrmanntraut)

Wenn ein Dortmunder Spieler bei der Einwechslung stolpert, schreien die Fans ‹Foul›. Das ist hervorragend – für den BVB.

(Christoph Daum)

Bernhard Langer hat mal gesagt, Leistungssport spielt sich zwischen den Ohren ab. Da war teilweise Brachland, das neu bepflanzt werden musste.

(Gladbach-Trainer Bonhof zur Nervenschwäche seines Teams)

Wir brauchen einen richtig harten Hund, der uns was auf die Fresse gibt.

(Sergej Barbarez will Gewalt)

Hey Heynckes, gehen wir mal gerade vor die Tür!

(Stefan Effenberg will boxen)

Ich gehe davon aus, dass er mir wirklich nichts zutraut. Das ist auch gut so.

(Bayers Christoph Daum über Bayerns Uli Hoeneß)

Ja, bis morgen früh um acht.

(Felix Magath gibt seiner Mannschaft frei)

Die Stimmung ist nach wie vor gut. Das war schon bei der Niederlage bei 1860 München zu spüren.

(Berti Vogts ist gut gelaunt)

Es gibt solche und solche Trainer. Solche, mit denen sich beim Feierabendbier noch schnell die Aufstellung für morgen debattieren lässt. Und solche, die schon morgens mit grimmiger Feldherrnmiene auf dem Trainingsplatz stehen und vor versammelter Mannschaft markige «Blut-am-Pfosten»-Reden schwingen. Gemocht von den Spielern wird weder der Heeresführer noch der kuschelige Kumpeltyp. Stattdessen bevorzugt wird der Sacharbeiter mit besonderer Begabung für Einzelgespräche.

Ich habe versucht, den Spielern das Gefühl zu geben, dass sie Fehler machen dürfen. Das haben sie bis auf wenige Ausnahmen gut gemacht.

(Rudi Völler gefühlig)

Wir sind auf dem richtigen Weg!

(Nach fünf Niederlagen freut sich Ewald Lienen über weitere fünf Schlappen)

Es gibt Phasen, da ist man etwas angespannter. Das ist doch menschlich. Es wäre doch blöd von mir, den Schauspieler zu mimen.

(Rudi Völler, nicht blöd)

Es ist schon verrückt, was der Fußball aus mir macht.

(Oliver Kahn staunt über sich)

Er hat uns auch schon mal gelobt. Ich kann mich allerdings nicht daran erinnern, wann das zuletzt der Fall war.

(Jens Lehmann kennt Matthias Sammer genau)

Wie das im Sport halt so ist: erst gratulieren, dann den Schläger zertrümmern – und anschließend geht's weiter.

(Ganz normale Abläufe bei Bernd Krauss)

Das Wort ‹mental› gab es zu meiner Zeit als Fußballspieler noch gar nicht. Nur eine Zahnpasta, die so ähnlich hieß.

(Rudi Assauer erinnert sich)

Nehmen Sie Cesar Luis Menotti, ein Toptrainer, aber wenn er mit einem Spieler geredet hat, hat er gefragt, ob es Frau und Kindern gut geht. Ansonsten saß er auf der Bank und rauchte 50 Zigaretten.

(Bernd Schuster wehrt sich gegen den Vorwurf, er sei introvertiert)

Ich habe massiv Ottmar Hitzfeld bedroht, und Uli Hoeneß steht sowieso auf Seiten des DFB.

(DFB-Teamchef Erich Ribbeck auf die Frage, wie er es geschafft habe, dass die Bayern ihre Nationalspieler schonten)

Spieler sind wie kleine Kinder. Wenn ich meiner Tochter fünfmal etwas sage und sie macht es nicht, kann ich sie auch nicht ins Heim stecken.

(Klaus Augenthaler setzt auf Geduld)

Wenn'st denkst, ist's eh zu spät.

(Gerd Müller schaltet das Hirn aus)

Den FC Bayern müssen wir etwas ernster nehmen als alle anderen Gegner.

(Aber nur etwas, Felix Magath)

Gut, dass ich nicht so viele Hemden habe, sonst würden mir die Kragen platzen.

(Thomas Schaaf juckt bei Ailton der Kragen)

Im Spiel denken die Spieler ab und zu selbständig, und man sieht ja, was dabei rauskommt.

(Jürgen Klopp setzt auf klare Ansagen)

Man muss versuchen, den Gegner durch permanentes Toreschießen zu zermürben!

(Dietmar Demuth, nachdem der FC St. Pauli in zwei Spielen elf Tore schoss)

Lattek ist ein hervorragender Trainer. Das zeigt sich schon alleine daran, dass er den Herren Neudecker und Schwan jahrelang das Gefühl vermittelte, sie verstünden etwas vom Fußball.

(Helmut Kronsbein zückt den Hut)

Dass ich wohl eine größere Macke weghabe, steht außer Frage.

(Freiburgs Präsident Achim Stocker einsichtig)

Wir sind eine gut intrigierte Truppe.

(Lothar Matthäus erleichert)

Dies ist überlebensnotwichtig für den Verein.

(Rolf Töpperwien in Sorge)

Von der Einstellung her stimmt die Einstellung.

(Andreas Brehme eingestellt)

Ich hatte vom Feeling her ein gutes Gefühl.

(Andreas Möller in guter Verfassung)

Das sind Gefühle, wo man schwer beschreiben kann.

(Jürgen Klinsmann versucht's erst gar nicht)

Wir lassen uns nicht nervös machen, und das geben wir auch nicht zu!

(Olaf Thon bockig)

Dieser Stolperkönig ist die Höchststrafe für jeden Mitspieler.

(Bernd Schuster schimpft über Holger Gaißmayer)

Diese Siegermentalität wollen wir auch mental rüberbringen.
(Berti Vogts macht's mit dem Kopf)

Ein Spieler wie Michael Ballack sollte sich mal selbstkritisch selber hinterfragen.
(Berti Vogts)

Wenn ich das gewusst hätte, hätte ich die Aufstellung geändert.
(Berti Vogts zum Umstand, er habe mit der Wunschelf von Paul Breitner gespielt)

Da wir nicht voll auf Niederlage spielen, spielen wir voll auf Sieg.
(Berti Vogts wirft alles nach vorn)

Verloren, macht nichts. Nächstes Spiel gewinnen!
(Branko Zebec in der Halbzeit beim Stand von 0:2)

Wir wollten unbedingt einen frühen Rückstand vermeiden. Das ist uns auch gelungen. Der VfB Stuttgart hat in den ersten zweieinhalb Minuten kein Tor geschossen.
(Bernd Krauss sieht das Gute)

Das Gegentor fiel zum psychologisch ungünstigsten Zeitpunkt. Aber man muss an dieser Stelle auch einmal die Frage stellen, ob es Gegentore gibt, die zu einem psychologisch günstigen Zeitpunkt fallen.
(Christoph Daum kennt die Antwort)

BILATERALE BEZIEHUNGEN

Früher war der Fußball ziemlich übersichtlich. Spieler hießen Popp, Müller oder Holtmannspötter und kamen alle aus dem gleichen Dorf. Und wenn einer aus dem Nachbardorf kam, dann musste der schon ganz besonders gut sein, um nicht mit einem Tritt in den Allerwertesten vom Sportplatz gejagt zu werden. Doch seit die Globalisierung auch den Fußball gepackt hat, kämpfen in der Bundesliga Albaner, Schweizer, Schweden, Österreicher, Brasilianer, Holländer und Schleswig-Holsteiner um die raren Kaderplätze. Manch ein einheimischer Kicker ist mit fünfzehn Mitspielern aus achtzehn Ländern ein wenig überfordert und reagiert auf bilaterale Annäherungen so schroff wie der Leitwolf der Hochkultur Mario Basler. Der bellte, als er nach seiner Beziehung zum Franzosen Youri Djorkaeff gefragt wurde, seine wenig kooperative Antwort in die Mikrofone: «Ich lerne nicht extra Französisch für die Spieler, wo dieser Sprache nicht mächtig sind.» Die meisten einheimischen Kicker haben sich jedoch längst an das babylonische Sprachgewirr in der Kabine gewöhnt, zumal es den meisten auswärtigen Kickern nicht an Integrationswillen mangelt. Auch wenn manche Gazette das eher skeptisch sieht. Die Fußballillustrierte «Kicker» lobte zum Beispiel den Ghanaer Anthony Yeboah für sein aufgeräumtes Wohnzimmer und verteilte die höchste Auszeichnung, er wohne «wie ein deutscher Musterbürger». Da fragte Yeboah dann doch indigniert nach: «Soll ich etwa ein Lagerfeuer im Wohnzimmer machen?»

Wir hätten den Afrikanern niemals das Fußballspielen beibringen dürfen. Sie haben eine genetische Veranlagung zu hartem Spiel.

(Zu spät, Morten Olsen)

Yeboah blieb heute sehr blass.
(Henry Vogt vor dem Schwarz-Weiß-Fernseher)

Die Irländer …
(Rudi Völler irrt selten)

Portugal spielt heute mit sechs Ausländern.
(Béla Réthy findet sicher noch weitere …)

Wenn Glenn Hoddle eine andere Nationalität gehabt hätte, hätte er 70 oder 80 Länderspiele für England gemacht.
(John Barnes bleibt England treu)

Ich habe zu meiner Mannschaft gesagt: Stürmen. Sie haben wohl Türmen verstanden.
(Aleksandar Ristić blättert im Sprachführer)

Der österreichische Fußball ist sukzessive in eine schwierige Situation geschlittert, weil sehr viele durchschnittliche Ausländer gekauft worden sind. Da fahren Vereinspräsidenten an den Plattensee auf Urlaub und bringen sich dann vier Kellner mit.
(Christoph Daum wundert sich)

Das war europäische Weltklasse!
(Felix Magath kommt kontinental)

Luciano ist kein Brasilianer, er ist ein Athlet.
(Berti Vogts macht feine Unterschiede)

Hup, Holland, Hup – das hat den Vorteil, dass man es auch bei Schluckauf weitersingen kann.
(Gerhard – hicks – Delling)

I look not back, I look in front.
(Lothar Matthäus rockt New York)

Es ist egal, welche Rekorde er aufstellt – Oliver Kahn ist ohnehin der beste Torhüter der Welt.

(Uli Hoeneß über den rekordverdächtig lange unbezwungenen Keeper)

Der FC Bayern ist ein Verein von internationaler Weltbedeutung.

(Waldemar Hartmann schaut über den Tellerrand)

Ich fliege irgendwo in den Süden – vielleicht nach Kanada oder so.

(Mehmet Scholl könnte auch in den Norden fliegen, nach Australien, in den Kongo, wohin auch immer)

Kamerun – beste Mannschaft Europas!

(Wenn Marcel Reif das sagt)

Er ist noch nicht hier. Der Flug nach Kapstadt war ein Nichtraucherflug. Da konnte er nicht.

(Berti Vogts über Mario Basler)

Wir leben alle auf dieser Erde, aber eben auf verschiedenen Spielhälften.

(Klaus Augenthaler zählt die Breitengrade)

In England putzen die Talente den Stars die Fußballschuhe. Hier putzen sie nicht mal ihre eigenen.

(Felix Magath kennt das anders)

Die Kroaten sollen ja auf alles treten, was sich bewegt – da hat unser Mittelfeld ja nichts zu befürchten.

(Berti Vogts unbesorgt)

Den habe ich bei der EM 1980 beim 3:0 gegen Holland mal eingewechselt. Und schwupps, nach drei Minuten hatte er den ersten Holländer umgelegt.

(Jupp Derwall kaltschnäuzig)

Sie sollen nicht glauben, dass sie Brasilianer sind, bloß weil sie aus Brasilien kommen.

(Paul Breitner warnt rechtzeitig)

Ich denke, dass Deutschland, Frankreich, Spanien, Holland und England im Halbfinale auf Brasilien treffen werden.

(Pelé hat die Auswahl)

Wir sind Frankreich, die Sechziger sind Deutschland.

(Sepp Maier vor dem Münchner Derby)

Fußball ist inzwischen Nr. 1 in Frankreich. Handball übrigens auch.

(Heribert Faßbender vergisst Badminton und Curling)

Die von der südlichen Halbkugel, also die mit dem braunhäutigen Blut ...

(Otto Rehhagel erbleicht)

Es war nicht so, dass wir nicht so gut, sondern die Engländer so schlecht waren.

(Jens Jeremies nach dem 0:1 gegen England)

Ich kenne sie vom Sehen, aber sie haben drei, vier Namen. Heißen einmal Hussein, dann Mohammed. Das ist noch ein Problem.

(Berti Vogts, verwirrt)

Die sprechen Englisch. Zum Teil alle.

(Winfried Schäfer zählt noch mal nach)

England ist so voller Euphorie nach dem Sieg gegen uns, demnächst glauben die auch noch, sie könnten kochen.

(Waldemar Hartmann zerstört Hoffnungen nach Englands 5:1-Sieg gegen Deutschland)

Spieler sind sehr groß. Und immer grätschen, grätschen, grätschen. Alle grätschen hier immer.
(Adhemar liegt am Boden)

Rosenborg und Trondheim sind sehr starke Mannschaften.
(Carsten Jancker über Rosenborg Trondheim)

Bremen war ein Albtraum. Es muss die kälteste Stadt auf dieser Erde sein. Ich habe immer gefroren, ich habe niemanden verstanden, und mir ging es schlecht.
(Junior Baiano hanseatisch)

Ja, Statistiken. Aber welche Statistik stimmt schon? Nach der Statistik ist jeder vierte Mensch ein Chinese, aber hier spielt gar kein Chinese mit.
(Werner Hansch sucht noch)

Und jetzt skandieren die Fans wieder: Türkiye, Türkiye. Was so viel heißt wie Türkei, Türkei.
(Heribert Faßbender übersetzt simultan)

Das muss man verstehen, dass er Schwierigkeiten hat, sich einzugewöhnen. Er ist die deutsche Sprache noch nicht mächtig.
(Der allmächtige Jürgen Wegmann)

Falls England das Spiel gewinnt, haben sie mindestens ein Tor geschossen.
(So ist das, Jimmy Hill)

Die schwierigsten Beziehungen pflegt der deutsche Fußball ganz traditionell zu seinen Nachbarn. So bedurfte es nach dem hitzigen Halbfinale zwischen Gastgeber Schweden und der Bundesrepublik anno 1958 schon massiver bilateraler Bemühungen, um die «Schwedenplatte» als Standardgericht deutscher Gaststätten zu sichern, erzürnte Wirte hatten nach der 1:3-Niederlage die Fischkombination von der Speisekarte gestrichen. Mittlerweile gilt jedoch das pittoreske Nachbarland Holland aufgrund eines unerschöpflichen Reservoirs an Fummelkönigen und flinken Außenstürmern als Hauptfeind. Der südliche Nachbar Österreich dagegen ist mittlerweile, nach der 35. gescheiterten WM-Qualifikation, derzeit nicht satisfaktionsfähig.

Lieber arbeitslos als Österreicher.

(Claus Reitmaier klar positioniert)

Was soll der Scheiß, ich kann kein Englisch.

(Francesco Totti auf die Frage, was er als waschechter Römer zum Motto «Carpe diem» zu sagen habe)

Es muss geklärt sein, ob ich dort mit meinen Hunden spazieren gehen kann, ohne dass sie in einem Kochtopf landen.

(Jörg Albert noch skeptisch vor dem Wechsel nach China)

Ich würde mich selbst als sehr bodenbeständigen Spieler bezeichnen.

(Manfred Kaltz beschreibt sich)

Ja, bodenbeständig, so würde ich mich charakterisieren!

(Auf die Nachfrage, ob er womöglich bodenständig meine)

Das bedeutet, dass ich nach dem Wechsel nach Bordeaux wieder zum HSV zurückgekehrt bin. Das ist eben dieses Bodenbeständige an mir.

(Erneute Nachfrage, was er denn damit meine)

Jeder, der mich kennt und der mich reden gehört hat, weiß genau, dass ich bald Englisch in sechs oder auch schon in vier Wochen so gut spreche und Interviews geben kann, die jeder Deutsche versteht.

(Lothar Matthäus optimistisch)

I hope, we have a little bit lucky.

(Lothar Matthäus in New York)

Wir müssen die deutsch-holländische Feindschaft wieder aufleben lassen.

(Andreas Brehme entschlossen nach dem krawallträchtigen UEFA-Cup-Spiel Eindhoven–Kaiserslautern)

Man sollte nicht Sachen aufwirbeln, die Jahrhunderte zurückliegen.

(Mario Basler über den jugoslawischen Bürgerkrieg, der noch nicht allzu lange her ist)

Spanien wäre ein schönes Land, wenn nicht so viele Spanier dort leben würden.

(Max Merkel kann es nicht ändern)

Trainer, hat's so was wirklich gegeben?

(Mario Basler beim Besuch der Holocaustgedenkstätte in Yad Vashem anlässlich der Länderspielreise nach Israel zu Berti Vogts)

Was mich an ihm am besten gefällt, ist, dass er auch ein bisschen deutsch kann.

(Markus Weissenberger lobt den chinesischen Kollegen Shao)

Acht Niederländer in einer Mannschaft sind wie eine Zeitbombe.

(Johan Cruyff muss es wissen)

Eine EM ist noch ausgeglichener besetzt als eine WM, weil bei einer WM auch Mannschaften vom anderen Kontingent sind.

(Michael Ballack zählt ab)

Als Deutschland muss man gegen Finnland gewinnen.

(Oliver Bierhoff setzt sich Ziele)

Auch der einheimische Fußballer muss, das bringt der Beruf mit sich, hin und wieder ins Ausland. Sei es um wertvolle Erfahrungen zu sammeln oder weil ihn in der Bundesliga niemand mehr haben möchte. Im letzteren Fall ist dann Endstation in der zweiten türkischen Liga oder in der Oberliga Kroatien. Oder noch schlimmer: im Nachbarland.

Ich habe immer gesagt, dass ich niemals nach Österreich wechseln würde.

(Jürgen Wegmann vor einem Wechsel zum FC Basel)

Mailand oder Madrid – Hauptsache Italien!

(Andreas Möller wälzt den Atlas)

Der Vogts hat wohl zu lange auf einem Kamel geritten.

(Carsten Ramelow mutmaßt)

Ich hätte auch woanders ins Ausland gehen können.

(Torsten Legat gibt seinen Wechsel nach Frankfurt bekannt)

Da singen sie: We are red, we are red, we are Danish Dynamite – Wir sind rote, wir sind weiße wir sind dänische ..., äh ...

(Heribert Faßbender weiß nicht mehr weiter)

Den Schiedsrichter, den sollte man zurück in die Pampa schicken!

(Heribert Faßbender außer sich)

Du kannst auf meiner Plantage arbeiten.

(Anthony Baffoe offeriert einem weißen Gegenspieler einen attraktiven Job)

In Dänemark habe ich nur Eier und Butter geholt, aber keine Fußballer.

(Max Merkel geht einkaufen)

Unglaublich ehrgeizig, sie wollen so gerne. Sie haben aber große Probleme mit der Technik. Und dann gibt es noch ein anderes Problem: Während des Trainings oder des Spiels sehen sie plötzlich einen Wal – und dann lassen sie Ball Ball sein, dann stürmen sie zu den Booten und es geht raus aufs Meer, es geht dann nur noch um den Wal.

(Sepp Piontek resigniert in Grönland)

Später gibt es noch mehr Fußballberichte, als Nächstes aber noch ein paar Tore aus dem schottischen Pokal.

(Des Lynam macht feine Unterschiede)

Koeman. Der heißt schon so. Dem würde ich auch nicht über den Weg trauen!

(Heribert Faßbender misstrauisch)

Wenn sich jemand dehnen will, soll er nach Dänemark fahren. Bei mir wird gelaufen, da kann keiner quatschen.

(Eduard Geyer in der Wortspielhölle)

Hätte er die Mentalität eines Schleswig-Holsteiners, könnte er ein noch größerer Fußballer werden, als er schon ist.

(Felix Magath über Rodolfo Esteban Cardoso)

Die Schweden sind keine Holländer – das hat man ganz genau gesehen.

(Franz Beckenbauer schaut hin)

Guten Abend, meine Damen und Herren, und – bonne noir.

(Waldemar Hartmann sieht schwarz)

Der Jürgen ist ein Weltmann. Er war ja immer ein Gegenpool zu mir.

(Lothar Matthäus über Jürgen Klinsmann)

Hayrettin ist weltberühmt in der Türkei.
(Gerd Rubenbauer kennt sich aus am Bosporus)

Ein Lothar Matthäus spricht kein Französisch.
(Ein Lothar Matthäus)

Ja, essen!
(Toni Pfeffer kann Französisch)

Gleich ziehen die deutschen Fans durch Frankreich.
(Johannes B. Kerner bei der WM 98 nach dem 2:2-Ausgleich Deutschlands gegen Jugoslawien in Lens, vor den Ausschreitungen deutscher Hooligans)

Die Spieler von Ghana erkennen Sie an den gelben Stutzen.
(Marcel Reif gibt hilfreiche Tipps)

Wenn es mit der Nationalmannschaft runtergeht, geht alles andere runter.
(Wolfgang Overath wagt Konjunkturprognosen)

Das da vorn, was aussieht wie eine Klobürste, ist Valderrama.
(Béla Réthy despektierlich)

Und wie sieht's in Brasilien aus, dem Mutterland des Fußballs?
(Wolf-Dieter Poschmann väterlich)

Da gab es auch Pässe, da waren zwei Väter angegeben. Auf meine Frage, warum das so ist, erhielt ich zur Antwort: «Die Mutter wusste nicht genau, wer der Vater ist.»
(Sepp Piontek referiert Zustände in Haiti)

Einen so harten Ellenbogen hat der in ganz Kolumbien noch nicht erlebt. Aber genau genommen war es das Knie.
(Gerd Rubenbauer, genau)

Kein Pferd würde auf den Körper eines Menschen treten, der am Boden liegt. Kroatische Spieler schon.

(Südeuropa-Experte Eugen Drewermann)

Das hätte in der Türkei passieren dürfen, aber nicht in der zivilisierten Welt.

(Toni Schumacher zum Flutlichtausfall während seines Abschieds-kicks in Köln)

Knien Sie nieder, Sie Bratwurst.

(Ernst Middendorp macht Appetit)

GESUNDHEITSWESEN

Fußballer beschäftigen sich zwangsläufig häufiger mit dem eigenen Körper als der Normalbürger. Während Letzterer nämlich nur hin und wieder endogene Depressionen bekommt, wenn er sich morgens im Bad auf die Waage hievt, sind Fußballer rund 48 Stunden am Tag damit beschäftigt, in den eigenen Körper hineinzuhorchen. Zwickt das linke Außenband? Ist der Meniskus morsch? Und was macht das Syndesmoseband? Und bisweilen ist wirklich was nicht ganz in Ordnung, dann drohen endlose Stunden auf dem Laufband und auf der Massagebank einschlägiger Reha-Zentren. Manche Profis waren schon so oft verletzt, dass ihre Beine schwer danach aussehen, als seien sie schon mal als Versuchsbeine an Medizinstudenten im ersten Semester ausgeliehen worden. Lothar Matthäus zum Beispiel war schon so oft an allen verfügbaren Bändern und Knochen verletzt, dass seine Krankenakte sicherlich demnächst als Standardwerk in einem medizinischen Fachverlag erscheint. Und im Laufe der Zeit hat sich Matthäus sogar ein profundes Diagnosewissen angelesen, nicht umsonst stellte er nach einer erneuten Verletzung treffend fest: «Ich hab gleich gemerkt, das ist ein Druckschmerz, wenn man draufdrückt».

Die Sanitäter haben mir sofort eine Invasion gelegt.

(Generalfeldmarschall Fritz Walter jun.)

Es ist deswegen noch niemand auf dem Platz gestorben.

(Yves Eigenrauch beschönigt seine schlechte Leistung)

Ziege ist da umgeknickt. Scheint sich um eine Schulterverletzung zu handeln.

(Oberarzt Dr. med. Béla Réthy)

Wir werden nur noch Einzelgespräche führen, damit sich keiner verletzt.

(Frank Pagelsdorf in Plauderstimmung)

Wir haben mit der notwendigen fairen Brutalität gespielt.

(Christian Beeck ohne Umschweife)

Er sieht jetzt auf jeden Fall interessanter aus.

(Hans Meyer sieht das Positive, wenn Max Eberl sich die Nase bricht)

Da gehe ich mit Ihnen ganz chloroform.

(Helmut Schön, betäubt)

Wir waren bereits klinisch tot.

(Ulf Kirsten klappt den Sargdeckel wieder auf)

Wir waren früher härter – bei uns gab's keine Verletzungen, sondern nur glatte Brüche.

(Jürgen Friedrich, ganz nostalgisch)

Ich habe heute erstmals einen Brasilianer mit Wadenkrampf gesehen. Das sagt doch wohl alles.

(Matthias Sammer, offen für Neues)

Ja gut, der arbeitet von morgens bis abends. Ja gut, so was nennt man im Volksmund glaube ich Alcoholic.

(Rudi Völler über Reiner Calmund)

Ich kann mich an kein Spiel erinnern, in dem so viele Spieler mit der Barriere vom Platz getragen wurden.

(Michael Lusch macht den Weg frei)

Die biologische Uhr tickt und geht auch an mir nicht vorbei.

(Lothar Matthäus zieht die Uhr auf)

In der Kabine ist es eng. Da kann passieren, dass ich einen Spieler anstecke. Das wäre schlecht. Bei Journalisten ist es nicht so schlimm. Wenn ich da einen anstecke, kommt der nächste.

(Der kränkelnde Löwen-Präsident Karl-Heinz Wildmoser setzt Prioritäten)

Und jetzt kommt die Sanitär-Abteilung.

(Béla Réthy würdigt Sanitäter)

Ich wundere mich, dass Rosicky einen Muskelfaserriss hat. Man glaubt kaum, dass der überhaupt Muskeln hat.

(Franz Beckenbauer wundert sich wirklich)

Wenn Sie dieses Spiel atemberaubend finden, dann haben Sie's an den Bronchien.

(Marcel Reif wortspielgewitzt)

Er hatte plötzlich Sehstörungen. Vielleicht hat er deshalb das Tor getroffen.

(Matthias Sammer über Lars Ricken, der mit einem Gegner kollidierte, dann ein Tor schoss und schließlich mit Gehirnerschütterung ausgewechselt wurde)

Ein schlechter Spieler bleibt schlecht, da helfen keine Tabletten.

(Otto Rehhagel glaubt nicht an die Schulmedizin)

Sicher, es gibt sie, jene Spieler, die schon mit eingewachsenen Fußnägeln beim Vereinsarzt um Krankschreibung betteln und gerne mal dem Training wegen einer frisch aufgebrochenen Stirnbandverletzung fernbleiben. In der Regel aber verhalten sich Profis wie normale Arbeitgeber: Wenn es irgendwie geht, schleppt man sich zur Arbeit. Während allerdings in Büroetagen der Chef den tapferen Mitarbeiter noch belobigt, müssen angeschlagene Profis nicht erwarten, dass der Trainer sie noch mal aufmunternd in den Arm nimmt. Ganz im Gegenteil, von Bundesligaspielern wird eine Konstitution wie die von Rambo III erwartet. Und wehe, einer wankt mit einem einfachen Bänderriss zur Trainerbank und will ausgewechselt werden. Da gibt es dann eine klare Ansage vom Trainer:

Ich wechsle nur aus, wenn sich einer ein Bein bricht.
(Werner Lorant, prinzipientreu)

Die sollen sich nicht so anstellen, bei mir zählen nur glatte Brüche als Verletzungen.
(Otto Rehhagel, auch ein Traditionalist)

Ich kann doch nicht schon die Aufstellung vom nächsten Wochenende sagen. Der eine kriegt 'ne Grippe, beim anderen kriegt die Oma einen Zahn.
(Eduard Geyer zahnt schon lange nicht mehr)

Zum Glück habe ich nur eine Struktur.
(Thorsten Legat bei Verdacht auf Beinbruch)

Ich habe rechts einen gebrochenen Mittelfußknochen mit einem Tumor und was weiß ich noch alles.
(Ernst Middendorp geht besser noch mal zum Arzt)

Derwall lebt noch, also kann sein Herz gar nicht stillgestanden haben.
(Erich Ribbeck zur Kritik von Jupp Derwall an Oliver Kahn)

Stuttgart hat sich im Prinzip den Finger in der Nase abgebrochen.
(Ewald Lienen erschaudert)

Das wird seinen Heilungsprozess beschleunigen.
(Motivator Helmut Johannsen zu einer Gehaltskürzung für einen seit Monaten verletzten Spieler)

Nach 20 Minuten waren zwei von denen angeschlagen. Die sind gehumpelt! Aber die sind schneller gehumpelt, als wir gelaufen!

(Hermann Gerland nach einer Niederlage)

Die wohl dümmste Verletzung der letzten Jahre handelte sich übrigens der spanische Torwart Santiago Canizares ein. Kurz vor der WM 2002 in Japan und Südkorea leistete sich der gute Mann einen klassischen Haushaltsunfall. Eine Flasche mit Eau de Cologne knallte auf den Badezimmerboden, ein tückischer Splitter durchtrennte eine Sehne im Fuß. Mit hochgelegtem Bein schaute sich Canizares das Turnier vom heimischen Schaukelstuhl aus an.

Wenn du liegen bleibst, dann muss schon das Bein gebrochen sein.

(Christian Ziege über englische Sitten)

Die haben doch heute Verletzungen, die gab es bei uns damals gar nicht.

(Hermann Gerland kann sich noch gut erinnern)

Es ist ein Muskelfaserriss in der Schamgegend. Da können Sie sich viel drunter vorstellen: Das geht vorne los und hört hinten auf.

(Horst Buhtz muss selbst schmunzeln)

Sebastian Deisler ist immer noch verletzt. Ihm ist der Bayern-Scheck auf die Füße gefallen.

(Uwe Bahn, Diplomphysiker)

Wir müssen aufpassen, dass sich von uns keiner beim Duschen verletzt.

(Lothar Matthäus bückt sich nach der Seife)

POLITIK

Altkanzler Gerhard Schröder ist Fußballfan, er hat das oft genug erwähnt. Und so weiß inzwischen die breite Bevölkerung, dass Schröder früher für den ruhmreichen niedersächsischen Kreisligisten TuS Talle die Stiefel schnürte, dass er die komplette WM-Elf 1954 aufsagen kann und dass er im Zweifelsfall den Ball deutlich besser trifft als der bayerische Ministerpräsident Edmund Stoiber. Der semmelte nämlich im Wahlkampf 2002 beim Versuch, eine Torwand zu treffen, den Ball gegen den Kopf einer Bewunderin, die sich nichts ahnend neben der Torwand platziert hatte. Schröder traf bei seinen Versuchen immerhin die Torwand. Sind die praktischen Versuche der Slipperträger immerhin noch ulkig anzuschauen, kommen die rhetorischen Gleichnisse der Politiker nur schwer erträglich daher. Ungezählt etwa die launigen Erwähnungen der Trapattoni-Floskel «Ich habe fertig» durch Spitzenpolitiker aller Parteien im Bundestag. Die Fußballer selbst registrieren die Umarmungsversuche der Politik ohnehin mit Misstrauen. Vorbilder holen sich die Kicker längst woanders:

Che Guevara war ein Rebell, ein Kämpfer für sein Land. Das will ich auch sein. Ich will den Schwachen helfen. Das ist im Fußball genauso, da muss man den schwachen Gegner auch aufbauen. Das ist so eine eigene Logik von mir, dazu will ich gar nicht viel sagen.

(Venceremos, Torsten Legat!)

Ich würde Helmut Kohl gerne einmal kennen lernen. Der wird genauso oft angefeindet wie ich. Aber da habe ich wohl keine Chance, weil der Bundeskanzler ja schon Berti Vogts adoptiert hat.

(Dragoslav Stepanovic ohne Illusionen)

Felix Magath ist der letzte Diktator Europas.

(Bachirou Salou geht in die Opposition)

Jeder kann sagen, was ich will.

(Otto Rehhagel gibt Freiheiten)

Heute habe ich sicher so viel Unterstützung wie Leonid Breschnew früher bei den Sowjet-Wahlen!

(Jan-Aage Fjörtoft politisch)

Die hat doch der Willi Lemke geschrieben.

(Rudi Völler analysiert die Rede von Bundeskanzler Schröder zur 100-Jahr-Feier des SV Werder Bremen)

Das war der letzte Sieg der Atom- über die Naturenergie, denn sie ist die nachhaltigere Energie.

(Freiburgs Trainer Volker Finke nach dem 0:1 bei Borussia Dortmund über die Trikotwerbepartner «e-on» und «Naturenergie»

Eng.

(Mehmet Scholl auf das Gefühl, als Bundeskanzler Kohl nach dem EM-Sieg 1996 die Kabine enterte)

Ich mache immer das, was mir gesagt wird. Das habe ich im Osten gelernt.

(Jens Jeremies, jenseits der Elbe)

Grundsätzlich werde ich versuchen zu erkennen, ob die subjektiv geäußerten Meinungen subjektiv oder objektiv sind. Wenn sie subjektiv sind, werde ich an meinen objektiven festhalten. Wenn sie objektiv sind, werde ich überlegen und vielleicht die objektiven subjektiv geäußerten Meinungen der Spieler mit in meine objektiven einfließen lassen.

(Erich Ribbeck, leicht verwirrt)

Muss ich das jetzt als Frage verstehen oder die Antwort so beantworten, wie Sie sie in Ihre Frage reingelegt haben? Sie haben Ihre Frage so gestellt, dass ich das Gefühl haben muss, als wenn ich das, was Sie gerade gesagt haben, vorher schon gesagt hätte. Das habe ich aber nicht gesagt. Dem was ich gesagt habe, möchte ich nichts hinzufügen.

(Erich Ribbeck hat gesprochen)

Ich darf hier ja nicht wählen. Ich habe meinen Kollegen geraten, das zu wählen, wo die Steuern runtergehen. Wer das ist, weiß ich nicht.

(Erik Meijer macht drei Kreuze)

Konzepte sind Kokolores.

(Erich Ribbeck bringt es auf den Punkt)

Es gibt meines Wissens keinen Artikel im Grundgesetz, in dem der FC Bayern jedes Jahr zur deutschen Meisterschaft verpflichtet ist.

(Verfassungsrechtler und Bayern-Torwart Oliver Kahn)

Ich bin mir sicher, unserer Mannschaft wird nichts passieren.

(Berti Vogts als Kapitän bei der WM 1978 in Argentinien zur Folterpraxis der Junta)

Wenn mich der Konopka zu sehr geärgert hat, ist der Berti über die Mittellinie gekommen und hat mich gerächt. Das war zwar gegen meine pazifistische Grundeinstellung, aber tief drinnen habe ich eine leichte Genugtuung gespürt.

(Ewald Lienen lernt sich kennen)

Ein «bombensicheres Mittelfeld» ist mir eben rausgerutscht. Ich möchte das gerne streichen und korrigieren auf «baumstarkes Mittelfeld».

(Dieter Kürten politisch korrekt)

Es war ein Tor. Ich habe es genau gesehen, meine Herren.

(Heinrich Lübkes exklusive Expertise zum Wembley-Tor 1966)

Wie soll das denn dann heißen? Ernst-Kuzorra-seine-Frau-ihr-Stadion?

(Johannes Rau witzelt über den Vorschlag, Fußballstadien nach Frauen zu benennen)

Die Zahl der Fußballer, die sich tatsächlich politisch engagierten, lässt sich an einer Hand abzählen. Was sich allein daran erkennen lässt, dass noch heute Ewald Lienen als Aktivist Nr. 1 geführt wird. Lienen kickte in den achtziger Jahren, verbrachte allerdings seine Freizeit nicht wie die Kollegen vor dem Schaufenster der örtlichen Porsche-Dependance, sondern kandidierte bei der Europawahl für die DKP-nahe Friedensliste, warb bei seinen Bielefelder Mannschaftskameraden um Unterschriften gegen den NATO-Doppelbeschluss und trug außerdem eine so ulkige Frisur mit angehängtem Sarazenenbart, dass ihn der Verfassungsschutz schon allein deshalb gerne observiert hätte. Andere Profis trugen ihre politische Gesinnung weniger offensiv vor sich her. Karl Allgöwer hängte zwar SPD-Wahlplakate in der Stuttgarter Mannschaftskabine auf, bekam dafür aber auch sofort Ärger mit dem stramm konservativen Vereinspräsidenten Gerhard Mayer-Vorfelder, in Personalunion war der nämlich Minister im Ländle. Und heutige Fußballprofis sind erst gar nicht so dumm, sich auf mehr als Buddhismus, Menschenrechte und Latte Macchiato festzulegen. Als warnendes Beispiel gilt der ehemalige Bremer Christian Brand, der vom guten alten Lothar Matthäus einen Satz heiße Ohren verpasst bekam: «He, Brand, du – du bist doch politisch, bist du doch, du Grüner. Machst auf sozial und hetzt hier den Schiri gegen uns auf.»

Wenn ich jemand aufs Maul hau.

(Was ist Rassismus, Toni Schumacher?)

Jetzt hör mal zu. Du kannst nicht immer nur nach Dortmund gehen, du wirst jetzt erst mal bei uns Mitglied. Ich schick dir die Unterlagen zu.

(Charly Neumann nordet Bundeskanzler Schröder ein)

Am besten ist, wir sprengen das Stadion einfach weg. Es wird sich doch ein Terrorist finden, der für uns die Aufgabe erledigen kann.

(Franz Beckenbauer hat einen Job für Al Qaida)

Wenn beim Spiel Bayern gegen Cottbus nur zwei Germanen in den Anfangsformationen stehen, kann irgendetwas nicht stimmen.

(Nur was, Gerhard Mayer-Vorfelder?)

Was wird aus der Bundesliga, wenn die Blonden über die Alpen ziehen und stattdessen die Polen, diese Furtoks und Lesniaks, spielen?

(Das Boot ist voll, Gerhard Mayer-Vorfelder)

Das ist kein Rassismus. Ja, das ist normal bei einem gegnerischen Spieler.

(Toni Schumacher rechtfertigt Affengebölke der Fans bei Aktionen von Anthony Yeboah)

Vielleicht, weil die nicht aussehen wie Affen.

(Auf die Frage, warum Fans bei deutschen Spielern das Geschrei einstellen)

MEDIEN & KOMMUNIKATION

Fünf Sätze, die jeder Fußballprofi vor dem ersten Einsatz auswendig gelernt haben sollte: 1. «Wir haben die Leistung nicht abgerufen.» 2. «Ich spiele da, wo mich der Trainer hinstellt.» 3. «Es ist das Syndesmoseband.» 4. «Ich habe gut trainiert.» Und 5. «Nein, wir haben den Gegner nicht unterschätzt.» Mit diesen Sätzen kann so ziemlich jedes Interview am Spielfeldrand ohne größere Probleme bestritten werden. Bei kritischen Nachfragen nassforscher Reporter hilft schließlich der Satz: «Da müssen Sie den Trainer fragen!» Wer hingegen versucht, den eloquenten Plaudertypen heraushängen zu lassen, wird bitterböse bestraft und landet auf ewig in schnell zusammengeschusterten Zitatensammlungen. Was wird es Fritz Walter der Jüngere bereut haben, dass er einst, auf seine Sturmpartnerschaft mit Jürgen Klinsmann angesprochen, verkündete, der Jürgen und er seien «ein gutes Trio, Entschuldigung, Quartett». Hätte Walter einfach die Klappe gehalten oder auf den Trainer verwiesen, ginge Fritze heute noch als Intelligenzbolzen durch. Das gleiche Schicksal beklagt Horst Szymaniak, dem nachgesagt wird, er habe bei Gehaltsverhandlungen mit Tasmania Berlin die Bruchrechnung kreativ interpretiert und statt einem Drittel mindestens ein Viertel mehr verlangt. Ob die Geschichte stimmt oder nicht, Szymaniak gilt jedenfalls als Prototyp des überschaubar strukturierten Kickers mit langer Leitung. Verdient hat er das nicht.

Man sollte die Presse nicht wichtiger machen, wie sie wichtig gemacht wird.

(Lothar Matthäus ist schließlich kein Mann der Presse)

Im Vergleich zu den Artikeln, die sie schreiben, sind die Märchen aus Tausendundeiner Nacht empirische Untersuchungen.

(Christoph Daum charakterisiert türkische Sportjournalisten)

Danke für die Glückwünsche beim Unternehmen Aufstieg. Sie werden sich noch schwarz ärgern, wenn wir es wirklich schaffen, dann guckt nämlich keine Sau mehr Ihre Sendung.

(Hans Meyer schockt das DSF)

Ach wissen Sie, das ist 'ne richtige Scheißfrage.

(Sind Sie am Montag noch Trainer des FC St. Pauli, Helmut Schulte?)

Wenn er sich bei Interna nicht zurückhalten kann, gibt es nur einen Verlierer. Wenn er weiter attackiert, werde ich auspacken, und das ist so wie bei Star Wars, wenn das Imperium zurückschlägt!

(Jan-Aage Fjörtoft droht Felix Magath)

Hauen Sie ab, Sie Arschloch, Sie Schwein, nehmen Sie das Mikro weg.

(Ernst Middendorp im trauten Zwiegespräch mit einem Reporter)

Berti Vogts ist die arme Sau, die von den Medien durchs Dorf getrieben wird.

(Reiner Calmund bläst zur Treibjagd)

Genauso wie Sie!

(Jörg Bergers schlaue Antwort auf die Frage, wie er denn das Gegentor seiner Mannschaft gesehen habe)

Ich brauche Spieler, die am Ball besser sind als am Mikro.

(Otto Rehhagel setzt falsche Prioritäten)

Ich werde mir eine Schaf-Farm in Neuseeland kaufen und Schafswurst herstellen, um sie nach Bayern zu exportieren. Nee, mal im Ernst, was für eine blöde Frage ist das? Wie denkt man sich solche Fragen aus? Gibt man sein Hirn schon vor oder erst nach dem Journalistikstudium ab?

(Peter Neururer medienkritisch, ein Journalist hatte nach seinen Plänen gefragt)

Ausblick, Ausblick, warum denn immer einen Ausblick? Worauf denn? Vielleicht einen Ausblick auf dieses Interview hier?

(Christoph Daum, leicht genervt)

Sie können ruhig etwas lauter nicken.

(Udo Lattek fordert ein)

Dass Ihre Wunschspieler nicht spielen, dafür entschuldige ich mich.

(Huub Stevens auf die Journalistenfrage, warum er auf Dick van Burik in der Anfangself verzichtet habe)

Spieler haben scheiße gespielt! Tut mir Leid, kann ich nichts für, würde ich auch gerne anders sagen, aber Spieler haben scheiße gespielt! Absolute Scheiße!

(Aleksandar Ristić im Klartext)

Ich habe zu Michael Preetz «Halt's Maul!» gesagt. Der Schiedsrichter-Assistent hat's aber auf sich bezogen und verstanden: «Halt die Fresse, du Penner!»

(Timo Wenzel wurde einfach nur missverstanden)

Wir kommunizieren über Transpiration. Die Spieler sehen mich schwitzen und sind bereit, das Gleiche zu tun.

(Guus Hiddink als Nationaltrainer Südkoreas über Sprachprobleme)

Vielleicht liegt das Geheimnis unseres Erfolges darin, dass mich meine Spieler nicht verstehen.

(Bernd Krauss fühlt sich wohl in Spanien)

Gerade hat der Stadionlautsprecher gesagt ...

(Dieter Kürten schreibt mit)

Ich war nicht damit einverstanden, dass der Schiedsrichter gegen uns einen Freistoß gegeben hat. Da habe ich ihn einfach Wichser genannt. Ich glaube, dies war ziemlich dumm.

(Erik Meijer findet sich selbst nicht intelligent)

Was soll ich mit den Spielern reden, ich bin doch kein Pfarrer.

(Amen, Werner Lorant)

Der Lothar Matthäus hat als Erster seine Schuhe ausgezogen und in die Ecke gepfeffert, Andi Brehme den zweiten hinterher – und die haben rumgeschrien. Da war Leben drin. Jetzt sitzt da jeder in der Kabine, zieht seine Schuhe aus, es macht keiner ein Muh, keiner ein Mäh, nichts.

(Bayern Münchens Präsident Franz Beckenbauer wünscht sich mehr Renitenz)

Ich hatte mit dem Polizisten ein überragendes Gespräch.

(Basler nach einer Schubserei in einer Pizzeria)

Quatsch nicht so viel, trainier lieber.

(Dieter Krein, Präsident von Energie Cottbus, weist Stürmer Sebastian Helbig beim Interview zurecht)

Die jungen Leute sprechen schon gut Hochdeutsch. Die älteren sprechen oft so sehr Bayerisch, dass ich sie nicht verstehe. Ich nicke dann einfach.

(Bayern Münchens neuer Spielmacher Michael Ballack arrangiert sich mit den Bayern)

Der Vorteil von Trainern wie Branko Zebec und Ernst Happel war ihre kuriose Sprache. Die Spieler mussten sich stark konzentrieren, um zu verstehen, was sie meinten. Deshalb kam ihre Botschaft so gut rüber.

(Felix Magath hat sich was abgeschaut)

Das Schlechteste am heutigen Spiel ist, dass ich nichts zu meckern habe.

(Felix Magath nach einem guten Spiel)

Es ist uns gelungen, unsere Torgefährlichkeit im Vergleich zum letzten Jahr auszumerzen.

(Der Erfolg gibt Frank Pagelsdorf recht)

Er lernt jetzt auch schon seit zwei Jahren die deutsche Sprache und kann schon guten Tag sagen.

(Hans Meyer sieht Fortschritte bei Stürmer Lawrence Aidoo)

Andere erziehen ihre Kinder zweisprachig, ich beidfüßig.

(Christoph Daum setzt eigene Prioritäten)

Der Trapattoni spricht mittlerweile besser Deutsch als der Augenthaler bei der Brotzeit.

(Max Merkel fasst sich an den Kopf)

Er hat angezeigt, dass er in einer Minute ausgewechselt werden will.

(Christoph Daum über einen Stinkefinger von Ulf Kirsten)

Wenn man sich einredet, man ist müde, dann ist man müde.

(Lothar Matthäus setzt auf Autosuggestion)

Wir brüllen beide so laut, dass wir uns übers Spielfeld unterhalten können.

(Oliver Kahn über seinen Torwartkollegen Peter Schmeichel)

Über Trainer rede ich nicht in der Öffentlichkeit. Es sei denn, ich stelle einen ein oder schmeiße ihn raus.

(Rudi Assauer)

Ich habe meinem Dolmetscher gesagt, mir nur die angenehmen Sachen zu übersetzen. Das gibt weniger Probleme.

(Chinas Nationaltrainer Bora Milutinovic, Lost In Translation)

Heute herrscht schweigende Stille.

(Rudi Assauer hält es kaum aus)

Bei uns wird auf dem Platz zu wenig gesprochen. Das könnte an der Kommunikation liegen.

(Erich Ribbeck begreift es jetzt auch)

Dieses fehlende Gespräch hat uns eben gefehlt.

(Uli Stielike quittiert seinen Job als Ribbeck-Assistent)

Ach, der Franz. Vor einem Länderspiel auf Malta hat er mit uns mal eineinhalb Stunden den Gegner besprochen. Am nächsten Tag wollte er noch 'ne Sitzung machen, da hab ich gesagt: «Franz, lass mal gut sein, wir spielen gegen Malta!» Nur zehn Minuten, hat er gesagt, pfeifst einfach ab, Uli. Nach zwanzig Minuten wurd's mir zu dumm, da hab ich gesagt: «Es langt jetzt, Franz.» Sagt er: «Hast recht, Uli, es langt.»

(Uli Stein über Franz Beckenbauer)

Das ist das erste Interview, wo sie macht.

(Lothar Matthäus, alter Hase, über seine Freundin Maren Müller-Wohlfahrt)

Er hat nicht verstanden, wie er sich verhalten sollte. Es lag wohl an der sprachlichen Barriere, aber wir konnten auf dem Platz keinen Sprachkurs mehr abhalten.

(Peter Neururer verständigt sich mit dem Brasilianer Edu)

Ich kann nicht sagen, dass ich es nicht gesagt habe, weil ich es gesagt habe.
(Mehmet Scholl einsichtig)

Du hast hier nichts mehr zu sagen, du Wichser!
(Klare Worte von Jean Löring)

Ich habe noch nie eine große Rede gehalten. Ich habe immer nur gesagt, was mir gerade eingefallen ist.
(Franz Beckenbauer und sein Patentrezept)

Es gibt Leute, die denken so, und es gibt Leute, die denken so. Das ist immer so, wenn viele Leute zusammenkommen.
(Toni Polster denkt mal so, mal so)

Und wenn dein Reden auch stockfalsch und blödsinnig ist – Hauptsache, du tust wieder den Mund auf.
(Lothar Matthäus weiß, worauf es ankommt)

Die einvernehmliche Trennung ist erfolgt, nachdem ich gesagt habe, wir machen nicht weiter.
(Rudi Assauer im Selbstgespräch)

Sagnol redet fünf Jahre kein Wort und sagt dann zum falschen Zeitpunkt das Falsche.
(Udo Lattek über Willy Sagnol)

Klinsmann denkt zu viel.
(Matthäus ist sich keiner Schuld bewusst)

Manchmal spreche ich zu viel.
(Lothar Matthäus einsichtig)

Ein Wort gab das andere – wir hatten uns nichts zu sagen.
(Lothar bleibt stumm)

Auch Journalisten leben gefährlich. Wenn nämlich plötzlich einer auftaucht, der nicht automatisch ein freundliches Lächeln aufsetzt, wenn ihn der Schaumstoff eines Mikrofons unter der Nase kitzelt. Waldemar Hartmann, ARD-Mann für hemmungslose Kumpelei, musste das erfahren, als er nach einem Länderspiel auf Island auf einen adrenalinbefeuerten Teamchef Rudi Völler traf:

Die Mannschaft bekommt auch ihr Fett weg. Aber ich kann diesen Käse nach jedem Spiel von wegen Tiefpunkt nicht mehr hören. Wir haben heute beim Tabellenführer 0:0 gespielt. Das ist für unsere Ansprüche sicherlich ein bisschen wenig. Wir sind Vizeweltmeister, da muss ein bisschen mehr kommen. Aber dann dieser Scheiß, der da immer gelabert wird ... Wir sollten uns Gedanken machen, ob wir so weitermachen können. Es ist das Allerletzte, immer alles in den Dreck zu ziehen. Ich lasse mir das nicht mehr so lange gefallen.

(Rudi Völler wütend)

Aber wir müssten doch als Vizeweltmeister eine Mannschaft wie die Isländer klar beherrschen.

(Waldemar Hartmann beschwichtigend)

Wieso denn? Die Isländer sind Tabellenführer, oder etwa nicht? Warum sollten wir den auswärts klar beherrschen? In welcher Welt lebt ihr denn alle? Ich habe doch die Mannschaft kritisiert und werde am Mittwoch nur die Leute aufstellen, die sich den Arsch aufreißen. Aber ihr müsst doch mal von eurem hohen Ross herunterkommen. Was ihr euch immer alle einbildet, was für einen Fußball wir in Deutschland spielen müssen ... Was die Mannschaft um Günter Netzer früher gespielt hat, konnte man sich doch gar nicht anschauen. Das war doch Standfußball.

(Völler bölkt weiter)

Ich kann jetzt nicht verstehen, warum da die Schärfe reinkommt.

(Hartmann nun auch etwas genervt)

Die Schärfe bringt ihr doch rein. Müssen wir uns denn alles gefallen lassen?

(Völler renitent)

Ich habe doch jetzt keine Schärfe hineingebracht.

(Hartmann seinerseits bockig)

Du nicht. Du sitzt hier auf deinem Stuhl und hast drei Weizenbier getrunken und bist schön locker.

(Völler indiskret)

Also in Island gibt es kein Weizenbier, ich bin auch kein Weizenbiertrinker.

(Hartmann spielt Pinocchio)

Zwischenruf: Finanzwesen

Das liebe Geld, ein weites Feld. Stattdessen eine hübsche Anekdote, in der der ZDF-Fernsehreporter Rolf Töpperwien eine kleine Nebenrolle spielt. Und zwar begab es sich im Jahre 1992, da stand die Frankfurter Eintracht kurz vor der Meisterschaft, sie musste nur noch gewinnen. Das tat sie aber nicht, und die Enttäuschung war riesengroß. Besonders bei einem vermögenden Eintracht-Anhänger namens Wolfgang Steubing im Grand Hotel in Graal-Müritz, der zwanzig Tausendmarkscheine an die Mannschaft hatte überreichen wollen. «Jetzt könnt ihr sie haben», sagte er einigermaßen entnervt und warf die Scheine inmitten einer Schar von Gönnern und Journalisten in die Luft. Viele grabschten nach den Scheinen, mittendrin ZDF-Mann Töpperwien. Dessen einleuchtender Kommentar: «Ich wäre der Einzige gewesen, der sich nicht gebückt hätte.» Man muss eben schauen, wo man bleibt. Auch wenn man Fußballer ist.

Ich hab heute Abend schon 800 Mark ausgegeben und noch zwei Millionen auf dem Konto. Was willst du?

(Ansgar Brinkmann im Bielefelder McDonald's zu einer jungen Dame)

Dann leg mal zehn Mark für eine neue Frisur hin.

(Der Begleiter der Dame gibt die Antwort)

Mein Anteil am Erfolg ist 90 Prozent, Wildmosers zehn.

(Werner Lorant bescheiden)

Da flankt dann mal einer anstatt für 400 000 nur noch für 300 000 Euro hinter das Tor.

(Reiner Calmund über den Sparzwang in der Bundesliga)

Da sind Hunderte von Mark vernichtet worden.

(Empört sich ein Teilnehmer der DFB-Delegation, als auf dem Rückflug aus den USA heitere Stewardessen einige Krawatten kürzen)

Die Borussia hat ihre Transferausgaben um ein Drittel gesenkt, die Hertha sogar um ein Siebtel.

(Gerd Delling lobt den richtigen Klub)

Der beste Fußball wird da gespielt, wo das meiste Geld ist.

(Otto Rehhagel macht niemand etwas vor)

Was ist denn mehr?

(Brutto oder netto, Claus-Dieter Wollitz ist sich nicht ganz sicher)

Früher haben die Spieler einen roten Kopf gekriegt, wenn sie uns bei Vertragsverhandlungen 10 000 Mark mehr an Gehalt aus dem Kreuz geleiert hatten. Am Ende hatten sie nicht einmal mehr bei einer Million einen roten Kopf.

(Borussia Dortmunds Präsident Gerd Niebaum)

Wenn ich zur Ecke gehe, das weiß jeder, dann kommen Feuerzeuge und Geldstücke geflogen. Das war ein Zeichen, dass man dies eigentlich nicht machen sollte. Zumal durch die Euro-Umstellung viele nicht mehr so viel Geld in der Tasche haben. Da sollten die Leute das Geld lieber in der Tasche behalten, anstatt es zu mir zu werfen. Nicht zuletzt wegen der Steuererhöhung und was alles noch so kommt.

(Stefan Effenberg grüßt das Bochumer Publikum)

In Köln haben sie vier Tage lang die Geschäftsstelle abgeschlossen und jede halbe Stunde eine Flasche Sekt entkorkt, als sie den Toni Polster für 1,8 Millionen Mark nach Gladbach verkauft hatten.

(Hans Meyer freut sich mit)

LIEBE & SEX

Vielleicht hat Paul Ince, der knallharte englische Verteidiger, auch ein bisschen übertrieben, als er einst Löffelchenstellung und Blutgrätsche miteinander verglich und zu überraschenden Ergebnissen kam. «Tackling ist viel schöner als Sex!», sprach Ince und erntete für diese Expertise breite Zustimmung. Denn selbst derjenige, dem sich die laszive Erotik einer eingesprungenen Grätsche in die Beine nicht auf Anhieb erschließt, wird zugeben müssen: Fußball und Sex haben in der Tat eine Menge gemeinsam. Routiniert greifen Verteidiger beim Eckball in des Stürmers Familienplanung und wälzen sich erwachsene Männer nach gelungenen Torschüssen eng umschlungen auf dem Rasen. Und das mitunter so ausgiebig, dass sich der Betrachter unweigerlich an Filmaufnahmen ostdeutscher Swingerklubs erinnert fühlt. Da ist auch nicht weiter verwunderlich, dass Fußballer nahezu manisch über Liebe, Sex und Zärtlichkeit reden müssen. Kaum ein Interview verzichtet auf prickelnde Erotik, ständig sind Sturmreihen gut bestückt, decken Verteidiger von hinten. Und ganz grundsätzlich gilt für den Strafraum ebenso wie für Beziehungen die eiserne Regel: Bitte nicht klammern.

Ich brauche Spieler, die auf dem Platz die Rute rausholen.

(Matthias Sammer, ganz weihnachtlich)

Wenn ich in der Nacht vor einem Spiel Sex habe, verliere ich jegliches Gefühl in meinen Füßen.

(Fredrik Ljungberg)

Es war ein wunderschöner Augenblick, als der Bundestrainer sagte: «Komm Stefan, zieh deine Sachen aus, jetzt geht's los.»

(Steffen Freund wurde schon ungeduldig)

Hertha BSC und VfL Wolfsburg, die Eunuchen der Liga. Sie wollen, aber sie können nicht.

(Manfred Breuckmann auf den Spuren von Oswalt Kolle)

Julio Cesar hat sich heute nacht fortgepflanzt. Victoria heißt die Kleine.

(Jörg Dahlmann gratuliert)

Herzlichen Glückwunsch an Marco Kurz. Seine Frau ist zum zweiten Mal Vater geworden.

(Thomas Häßler gratuliert auch der Mutter Marco)

Vorne impotent und hinten nicht ganz dicht – aber wir haben euch trotzdem lieb.

(Der Schweizer «Blick» nach dem 0:3 der Eidgenossen gegen England)

Ich musste ihm eine Ohrfeige geben. Wie hätte ich das sonst meiner Frau erklären sollen?

(Youri Djorkaeff in Panik. Sein Gegenspieler Thorsten Fink hatte ihn während eines Spiels auf den Mund geküsst)

Ich war wohl zu lange im Trainingslager.

(Fink zum Thema)

Da geht er – ein Mann wie Steffi Graf.

(Jörg Dahlmann winkt Lothar Matthäus zum Abschied)

Die Hochzeitsnacht verbrachten wir im Zug nach Zürich zu einem Fußballspiel.

(Eva Herberger ganz romantisch)

Auch Babbel hat das Loch von Kohler hervorragend ausgefüllt.

(Mmmh, Karl-Heinz Feldkamp)

Ich denke, dass ich auch jemand bin, den man sehr gut anfassen kann.

(Andreas Möller braucht Nähe)

Ich bin kein Streichler, nur bei meiner Frau, sporadisch.

(Peter Pacult, wirklich kein Kuscheltyp)

Möller und Chappi befruchten sich gegenseitig.

(Jörg Dahlmann sieht große Gefühle)

Auf Gefühle gebe ich gar nichts. Dreimal hatte ich das Gefühl, einen Sohn gezeugt zu haben, und wir haben drei Töchter zu Hause.

(Hermann Gerland wirkt abgehärtet)

Ich möchte so schnell wie möglich sehr nah an die Mannschaft – wenn auch nicht bis unter die Dusche.

(Corny Littmann, St. Paulis schwuler Präsident)

Ich bin in meinem Privatleben exakt genauso wild wie ich auf dem Platz bin, deshalb hat mich meine Frau auch geheiratet.

(Oliver Kahn knabbert)

In der ersten Liga die Bälle zu halten find ich total geil. Da geht mir voll einer ab!

(Klaus Thomforde übt den mentalen Orgasmus)

Ich werde nie Golf spielen. Erstens ist das für mich kein Sport, und zweitens habe ich noch regelmäßig Sex.

(Mehmet Scholl kennt sein Alter)

Vielleicht kann ich besser Zwillinge zeugen als Trainer entlassen.

(HSV-Vorstand Bernd Hoffmann, vierfacher Vater von Zwillingen, zur Trennung von Kurt Jara)

Zu meiner Frau habe ich ein Vater-Sohn-Verhältnis.

(Oliver Reck bezwingt den Ödipus-Komplex)

Das ist der größte Unsinn. Die Spieler denken nur an das Eine, aber im Doppelzimmer liegt anstelle einer schönen Señorita nur ein Mitspieler. Die Trainer sollten da umdenken.

(Romario spricht aus Erfahrung)

Es ist immer ein schönes Gefühl, den Olli hinten drin zu haben.

(Sebastian Kehl mag es gefühlsecht)

Gute Stürmer können nur Tore schießen, wenn sie am Abend vor dem Spiel guten Sex hatten. Dafür war ich das beste Beispiel.

(Romario macht sich schon mal frei)

Die Holländer sind vorne vom Feinsten bestückt.

(Oliver Kahn ist ganz erregt)

Vor der Saison hat man mir mitgeteilt, dass wir vorne gut bestückt sind.

(Jupp Heynckes will da nicht hintenanstehen)

Rudi Völler wird weiterhin unsere Infrastruktur samt Sekretärin nutzen können.

(Reiner Calmund macht Rudi ein verlockendes Angebot)

Es ist ein Sehnenabriss am Schambeinknochen. Hört sich lustig an, ist aber trotzdem beim Fußball passiert.

(Thomas Strunz ist sich sicher)

Im Übrigen vermarkte ich am liebsten Frauen. Die haben zwei große Vorteile: Sie wissen, was Geld ist, und sie können keine Spielerfrauen heiraten.

(Spielerberater Norbert Pflippen spricht aus Erfahrung)

Ey, Mädels, unser Schwarzer hat den Längsten!
(Lothar Matthäus' sehr dezente Kontaktaufnahme zur Basketballnationalmannschaft der Damen)

Hinten spielt die deutsche Mannschaft Mann gegen Mann.
(Berti Vogts bei der Frauen-WM)

Das wird eine schöne Heimfahrt. Einen Punkt geholt, und zudem waren die Jungs eine Woche nicht bei der Mutti.
(Hans Meyer, mütterlich)

Immer, wenn ich breit bin, werde ich spitz.
(Wolfram Wuttke, ein anatomisches Phänomen)

Hass gehört nicht ins Stadion. Solche Gefühle soll man gemeinsam mit seiner Frau daheim im Wohnzimmer ausleben.
(Die Eheleute Vogts leben inzwischen getrennt)

Wenn ich den Martin Schneider weiter aufstelle, glauben die Leute am Ende wirklich noch, ich sei schwul.
(Eine Katastrophe für Friedel Rausch)

Wir müssen jetzt endlich den Arsch hochkriegen und Eier zeigen.
(Martin Pieckenhagen setzt auf optische Reize)

Das Verhältnis ist nicht zerrüttet. Zerrüttet kann nur eine Ehe sein.
(Erich Ribbeck über sein diffiziles Verhältnis zu Mario Basler)

Das beste Trainingslager ist eine Frau, die eigene natürlich.
(Willi Lemke zwischen Stammtisch und ehelicher Pflicht)

Igor hat eine anstrengende Woche hinter sich und ist gestern erst nach Hause gekommen. Eventuell hat ihn seine Tochter nicht schlafen lassen. Von seiner Frau will ich erst gar nicht reden.
(Hans Meyer hat Mitleid mit Igor Demo)

Wenn der Berti Direktricen ausgibt, da müssen sich alle dran halten!

(Heinz Kwiatkowski, WM-Torwart von 1954 und 1958, weiß über Berti Vogts' Austeilmethoden Bescheid)

Wenn er von hinten kommt, ist er nicht zu halten!

(Gerd Rubenbauer sucht Halt)

Wir müssen jetzt erst mal nachdenken. Nachdenken bedeutet, dass man über alles Mögliche nachdenkt.

(Dieter Hoeneß wird, nun ja, nachdenklich)

Es ist ja bekannt, dass unser Trainer auf junge Spieler steht.

(Frank Rost über Thomas Schaaf, natürlich rein sportlich)

Ganz gut. Ich hab mich die ganze Nacht um seine Frau gekümmert!

(Selbstloser Mario Basler, auf die Frage nach dem Befinden von Dietmar Hamann nach seinem Schlaganfall)

Ich kriege viel, aber ich habe auch eine große Familie. Zwei Frauen müssen ernährt werden und vier Kinder.

(Rudi Völler kalkuliert scharf)

Na, dann brauchst du deiner Freundin ja nicht mehr erzählen, du hättest wieder Kopfschmerzen.

(Carsten Wehlmann zu seinem Torwartkollegen Simon Henzler, der sich einen Hodeneinriss zugezogen hatte)

Jaha, die Spielerfrauen, ganz heikles Thema. Schließlich gelten die Gattinnen der Kicker im Volksglauben als fachmännisch blondierte Dummerle mit Hang zu teurem Geschmeide. Ein Klischee, das allerdings schon in den neunziger Jahren durch Damen wie Gaby Schuster und Angela Häßler ad absurdum geführt wurde. Die bevölkerten nämlich nicht den lieben langen Tag die Edelboutiquen und Juweliergeschäfte, sondern führten für den kickenden Gatten die Geschäfte. Und manch ein Vereinsmanager kam aus dem Staunen gar nicht mehr heraus. So schnaufte Reiner Calmund, als Manager von Bayer Leverkusen ein durchaus gewiefter Zocker, nach einer Sitzung mit der Schuster-Gattin: «Ich hatte noch nie einen solch harten Verhandlungspartner.» Angela Häßler wusste sogar Angenehmes und Nützliches zu verbinden, hartnäckig hält sich das Gerücht, sie habe bei den Verhandlungen mit Juventus Turin ein eigenes Kosmetikstudio gefordert. Doch auch das Rollenmodell der knallharten Businessgattin ist ein auslaufendes, stattdessen bevorzugen Spielerfrauen wieder die kuschelige Foto-Lovestory für die Stadionzeitung vor dem heimischen Elektrokamin. Und deshalb stellen anspruchsvolle Kicker wie Arie van Lent gleich klar: «Ich habe keine Spielerfrau, ich habe eine richtige Frau!» Andere halten die klassische Rollenverteilung für durchaus erhaltenswert und verkünden: «Ich brauche keinen Butler, ich habe eine junge Frau!» So sah es jedenfalls Thomas Doll, damals Kicker beim HSV. Die erwähnte Dame entschied sich gegen das Dasein als beschürzte Kaltmamsell und warf sich stattdessen dem Kickerkollegen Olaf Bodden an den Hals. Alles also wie gehabt, es sei denn, es geht ins Trainingslager:

Ich halte nix von Sex vor dem Spiel, besonders weil ich mir das Zimmer mit Salou teile.

(Jan-Aage Fjörtoft gibt sich pragmatisch)

Weil, der Trainer braucht jetzt Spieler mit harten Eiern.

(Fjörtoft auf die Frage, warum er beim nächsten Spiel aufgestellt werden sollte, Salou hin oder her)

Sex vor einem Spiel? Das können meine Jungs halten, wie sie wollen. Nur in der Halbzeit, da geht nichts.

(Es gibt Grenzen, sagt Vogts)

Wenn er seine Hochzeitsreise dahin machen will, dann gerne.

(Rudi Assauer lädt Emile Mpenza nach Athen ein)

Da fummelt er sich einen runter.

(Thomas Herrmann kommentiert ein Dribbling von Youri Djorkaeff)

Sandwichdeckung bitte, meine Herren.

(Thomas Herrmann lässt die Kamera laufen)

Da kann ich auch meine Frau hinten reinstellen.

(Eduard Geyer meckert über die eigene Abwehr)

Weil wir so lange Dödel hatten.

(Ernst Kuzorras ehrliche und gar nicht nostalgische Antwort auf die Frage, warum Fußballer früher so lange Sporthosen trugen)

Wir lassen uns beide von unseren Frauen scheiden und ziehen zusammen.

(Toni Polster kuschelt mit Trainer Peter Neururer)

Der Druck entlädt sich beim Torschuß – ein Wahnsinns-Feeling. So ähnlich wie beim Sex.

(Jürgen Klinsmann wechselt hin und wieder die Buchse)

Ich habe die Erlaubnis meiner Frau!

(Dragoslav Stepanovic bewirbt sich als Völler-Nachfolger)

Im Fußball ist es wie bei der Liebe. Was vorher ist, kann auch sehr schön sein, aber es ist nur Händchenhalten. Der Ball muss hinein.

(Max Merkel lehnt Vorspiele ab)

Meine Frau ist noch in Ghana. Deswegen gibt es nicht so viel zu essen. Ich hoffe, sie bleibt noch lange.

(Warum haben Sie so viel abgenommen, Gerald Asamoah?)

Ich wüsste nicht, was wir reden sollten. Ich habe keine 24-jährige Freundin, ich habe ein anderes Leben.

(Jens Lehmann neidvoll über Oliver Kahns Lebensabschnitts-gefährtin)

Da gab es auch Pässe, da waren zwei Väter angegeben. Auf meine Frage, warum das so ist, erhielt ich zur Antwort: «Die Mutter wusste nicht genau, wer der Vater ist.»

(Sepp Piontek, moralinsauer)

Wir wollen uns nacheinander einen nach dem anderen da oben runterholen.

(Thorsten Fink legt Hand an)

In der Kabine gibt es nur zwei Themen: Das eine ist Geld, das andere hat lange Haare.

(Edgar Geenen meint nicht die Gruppe «Europe»)

Franz Böhmert hat versucht, Wolfgang Sidka den Abgang so schön wie möglich zu machen.

(Felix Magath kennt sich aus mit Abgängen)

Erst war es der Trainer, dann war es das Geld, dann war es die sportliche Perspektive, dann war es die öde und hässliche Stadt, und nächste Woche sind es wahrscheinlich die Frauen, die besser poppen können.

(Ralf Rangnick hat volles Verständnis für Jan Simaks Gründe für einen Vereinswechsel)

Mark Hughes at his very best: Er liebt es, Leute direkt hinter sich zu spüren.

(Kevin Keegan, ganz nah dran)

Nein, ich bin nicht enteiert.

(Wäre das auch geklärt, Berti Vogts)

Der neue Rahmenterminkalender ist so voll, da gibt es in den nächsten zwei Jahren keinen Termin, an dem man mit seiner Frau Kaffee trinken kann.
(Danach sieht es auch schlecht aus für Ewald Lienen und die Gattin)

Es wird nicht ganz zur Routine, weil ich ja mittlerweile auch die Mütter gewechselt habe.
(Felix Magath, clever)

Wenn der Heskey den Hintern rausstreckt, Donnerwetter!
(Fritz von Thurn und Taxis kommt kaum hinterher)

Rehhagel geht mit Goethe ins Bett, ich mit meiner Frau.
(Friedel Rausch hat es nicht so mit Bildung)

Wenn ich den Fans den Stinkefinger zeige, weiß ich, dass ich im nächsten Spiel ausgepfiffen werde. Das macht mich richtig geil auf das Spiel.
(Mario Basler ist horny tonight)

Wenn ich eine ganze Flasche Rotkäppchen getrunken habe, wurde meine Frau danach regelmäßig schwanger.
(Hans Meyer über kausale Zusammenhänge)

Ich lobe viel, aber ich kitzle die Jungs auch unter der Gürtellinie.
(Alter Trick von Harry Pleß)

Das ist das Problem in Frankfurt: Hier muss einer nur dreimal mit dem Hintern wackeln, und schon ist er ein guter Spieler.
(Jupp Heynckes über Fallstricke der Erotik)

Wenn bei mir zu Hause die Tür ins Schloss fällt und wir haben verloren, weiß meine Frau, was sie zu tun hat.
(Kurt Jara sucht die Handentspannung)

Das kann ich jetzt nicht sagen. Sonst bekomme ich Probleme, wenn meine Frau an Heiligabend mit dem Päckchen mit der Feinripp-Unterwäsche ankommt.
(Hans Meyer auf die indiskrete Frage, ob der Punktgewinn in München das schönste Weihnachtsgeschenk sei)

Wie viel Franz steckt in Rudi?
(Johannes Kerner wüsste das gerne)

Da muss man schon gucken, ob noch alles dran ist.
(Oliver Kahn schaut in die Buchse, zuvor hatte er einen Schuss des Stuttgarters Ganea mit dem, hüstel, Unterleib abgewehrt)

Meine Spieler haben alle einen Zipfel.
(Peter Pacult gibt Entwarnung, sein Präsident Karl-Heinz Wildmoser hatte in Frage gestellt, dass die Münchner Spieler «echte Männer» seien)

Hoffentlich gelingt es mir, die Mannschaft aus ihrer Ekstase zu holen.
(Lothar Matthäus in Sorge nach einem 0:1 in Mödling)

Das sinnliche Vergnügen an dem runden Gegenstand, das ist immer noch da.
(Otto Schily kuschelt gerne)

Sie sagte mir, dass ich der Vater sei. Theoretisch wäre das möglich.
(Ottmar Hitzfeld, ein Mann der Praxis, über seine Affäre mit einem Model)

Franz Beckenbauer und die verleumdete Dame, die so genannte Mutter, die es gar nicht gibt, werden das beide dementieren.
(Beckenbauer-Intimus Robert Schwan, die so genannte Mutter war wirklich eine)

Wenn wir meinen, die Spieler haben es nötig, dann lassen wir ihre Frauen und Freundinnen hierher holen, um die Jungs wieder hochzukriegen.

(Paul Ince über die Pflichten einer Frau)

Ich hatte vor der Saison ein Angebot aus England. Wäre ich bloß hingegangen. In England ist Fußball wenigstens noch Männersport – und nichts für Tunten.

(Axel Kruse gibt sich maskulin)

Bevor wir es vergessen: Die erotischste Botschaft an einen Fußballer formulierte keine Spielerfrau, sondern das hingebungsvoll rappende Künstlerduo «Alan & Denise», die sich ausgerechnet in Kalle Rummenigge verguckt hatten. Wir hören mal hinein: «Over in West Germany / There's a football player / With sexy knees / With sexy knees? / With sexy knees! / Talking 'bout a man with sexy knees / Karl-Heinz Rummenigge, What a man. / Rummenigge / Rummenigge / I'm a fan. / Karl-Heinz Rummenigge, he's so strong. Rummenigge. Rummenigge / All night long.» So geht das dann noch drei Minuten weiter. Beziehungsweise all night long.

Zu Hause bin ich Macho. Da finde ich nicht mal den Knopf der Kaffeemaschine.

(Kurt Jara koffeinfrei)

Elfmeterschießen, das ist irgendwie wie mit Frauen und Autos – reine Glückssache!

(Juri Sawitschew setzt alles auf eine Karte)

Im Trainingslager sollte man schon mit dem Arsch zur Wand schlafen.

(Mehmet Scholl vermeidet Sex im Trainingslager)

Ich hab die Liebkosungen gar nicht mitbekommen.
(Oliver Kahn über Sammy Kuffours Mund-zu-Mund-Beatmung nach kurzzeitiger Bewusstlosigkeit)

Ein international beleckter Spieler.
(Gottfried Weise macht sich nass)

Zwischenruf: Föderalismus

Es war der große Hit auf dem Oktoberfest im vorletzten Jahr. Da sangen nämlich ganze Wies'n-Zelte gemeinsam einen Hit auf die Musik des «Holzmichls», dessen Text sie allerdings leicht abgeändert hatten: «Sitzt denn der junge Wildmoser noch?», lautete die Frage, und zu Tausenden gab es die Antwort: «Jaaaaaa, er sitzt noch.» Im Gefängnis nämlich, wo ihn Durchstechereien rund ums Stadion hingebracht haben. Bestraft werden sollte die Wildmoser-Sippe allerdings für etwas ganz anderes, nämlich die hemmungslose Anbiederei der Führungsriege des TSV 1860 an den Lokalrivalen vom FC Bayern. Nicht nur dass gemeinsam ein Stadion gebaut wurde, der Vater Wildmoser wurde auch noch zahlendes Mitglied beim FC Bayern. Auch dafür sitzt der Sohn derzeit völlig zu Recht ein. Denn wenn dieses Beispiel Schule macht, fahren auch die Spitzen von Borussia Dortmund und dem FC Schalke 04 gemeinsam in Urlaub und beschließen künftig, in den gemeinsamen Farben Gelb und Blau aufzulaufen. Bis dahin trösten wir uns, dass manche Übungsleiter noch für klare Abgrenzungen stehen. Auch deshalb ein lautes Bravo, Rolf Schafstall.

Dreck, wo du hinguckst. Denen hab ich erst mal den Marsch geblasen: Besen in die Hand nehmen, auskehren, Hygiene herbeibringen. Dem Zeugwart muss man in den Arsch treten,

dass er seinen Job macht und nicht in den Tag reinquasselt und von alten Zeiten erzählt. Das sind lauter Spinner hier. Da stehen die Galoschen im Regal, voller Mist. Da hab ich gesagt: Jetzt kauft euch zwei Behälter mit Wasser drin und zehn Wurzelbürsten und macht die Schuhe draußen sauber, ja? Die sehen keinen Dreck hier. Das haben die früher nicht sehen müssen. Die sind nicht zur Arbeit, nicht zur Ordnung, zu nichts erzogen worden hier. Das stinkt zum Himmel ... Vor Wochen komm ich vor dem Training in die Umkleide, da sitzen die da und knobeln. Ich sag: Morgen, die sagen: Morgen. Da steht keiner auf, da hört keiner zu – kein Anstand. Lauter Ossis. Soll ich dafür Sorge tragen, dass die im richtigen Moment nicht den Tritt in den Arsch bekommen haben? Ich weiß: Das ist befristet. Und dann mache ich den Abflug hier.

(Rolf Schafstall fühlt sich bei Dynamo Dresden richtig wohl)

Wenn wir kein Tor machen, können wir nicht einmal in Kaiserslautern gewinnen.

(Aleksandar Ristić kennt die Konsequenzen)

Eine Nationalmannschaft ohne Schalker ist wie ein Gebiss ohne Zähne.

(Max Merkel zahnlos)

Nevio Scala ist ein phantastischer Trainer und er hat eine tolle Mannschaft. Dortmund wird ganz sicher Weltmeister!

(Giovanni Trapattoni übertreibt nur ein bisschen)

Lieber fünf Jahre Gefängnis als Trainer von Eintracht Frankfurt sein.

(Günter Brocker im offenen Vollzug)

Ich kann dat nich mehr hörn! Mann, die Bayern müssen beim Kacken doch auch die Arschbacken auseinander machen!

(Hermann Gerland regt sich auf)

Bochum gegen Cottbus, das ist eh kein Straßenfeger.
(Manfred Breuckmann, ganz ehrlich)

Schalke 05.
(Carmen Thomas)

Schalten wir rüber zum SV Schalke.
(Wolf-Dieter Poschmann)

Nicht der Bessere soll gewinnen, sondern immer Schalke.
(Werner Hansch und sein königsblaues Herz)

Zweite Liga unter sich.
(Wolf-Dieter Poschmann kommentiert die Pokalpartie des Erstligisten Arminia Bielefeld und des Zweitligisten Unterhaching)

Auswärts sind die Greuther stärker als in der Fremde.
(Carsten Fuß heimstark)

In Offenbach brauchst du eher einen Wohnwagen als eine Wohnung, so schnell bist du wieder weg.
(Peter Neururer richtet sich erst gar nicht ein)

Wir holen unsere Leute aus dem Sauerland. Das ist unspektakulär. Aber es geht.
(Bernhard Dietz bodenständig)

In der Türkei hängt in jeder Kneipe ein Bild von Atatürk. Hier in Kaiserslautern hängt fast überall Fritz Walter.
(Friedel Rausch würde auch gerne da hängen)

Ja, wir sollten es nach der altbewährten bayerischen Regel halten, die da besagt: Never change a winning team.
(Franz Beckenbauer zitiert seine Urgroßmutter)

Beim KSC erwecken sie clevererweise den Eindruck, sie würden den Klassenverbleib anstreben. Ich war in Karlsruhe und habe mich im Wildparkstadion in den VIP-Bereich verlaufen. Wer seinen Gästen so etwas zu essen gibt, der will aufsteigen.

(Jürgen Klopp neidisch)

Wir holen unsere Brasilianer bei Türkgücü München.

(Klaus Augenthaler und sein Einkaufszettel)

Wenn im Westfalenstadion der Rasen gemäht wird, stehen hinterher 20 Mann zusammen und erzählen, wie es gewesen ist.

(Max Merkels Expertise über die Fans von Borussia Dortmund)

Eine Straßenbahn hat mehr Anhänger als Uerdingen.

(Max Merkel mag Recht haben)

Das Schönste an Stuttgart ist die Autobahn nach München.

(Thomas Strunz gibt Gas)

Der FC Köln wäre beinah mein fußballerischer K.o. gewesen. Das Kapitel ist beendet.

(Carsten Jancker atmet auf, der FC Köln vielleicht auch)

In Kaiserslautern hab ich gedacht, es wird ein Roter Teufel, jetzt bin ich froh, dass es kein Frankfurter Würstchen wird!

(Schalkes Marco van Hoogdalem wartet auf die Entbindung seiner Frau Danny. Doch weder vor dem Spiel in Kaiserslautern noch bei Eintracht Frankfurt wird er Vater)

Bochum ist im nächsten Jahr in der Champions League und wir spielen im Döner Cup. Da können wir wieder den ganzen Nahen Osten bereisen.

(Befürchtet Schalkes Manager Rudi Assauer)

Früher war ich ein großer Fan von Mönchengladbach. Doch da hatte ich noch keine Ahnung von Fußball.

(Marco Reich gibt den echten Kölner)

Einer, der aus Aachen kommt. Da kommen ja einige her.

(Aber nicht Werner Hansch)

Und wieder nur 500 Zuschauer im Kölner Südstadion, rufen Sie an und ich gebe Ihnen die Namen durch.

(Service-Kraft Werner Hansch)

Danke an das hannoveranische Publikum.

(Rudi Völler in landestypischem Duktus)

Wer in Bochum von Strafraum zu Strafraum geht und sich dabei nicht den Knöchel bricht, dem gebe ich einen aus.

(Christoph Daum auf der sicheren Seite)

Bei denen ist sogar die Putzfrau schon zehnmal Meister geworden.

(Christoph Daum lobt Bayern München)

HÖHERE MATHEMATIK

Es ist ja auch schon lange her, der Mathematikunterricht mit dem Dreisatz und den gleichschenkligen Dreiecken und der gezogenen Wurzel aus minus unendlich plus 1. Insofern ist es nicht allzu verwunderlich, dass sich Fußballer bisweilen ein kleines bisschen vertun, wenn es um Zahlen aller Art geht. Weniger die Bruchrechnung als die Prozente machten den meisten Kickern zu schaffen. Die wichtigste Regel für die Zukunft lautet deshalb: Am Ende der Rechnung müssen immer 100 Prozent herauskommen. Und nicht 103, Ruud Gullit, und nicht 120, Torsten Legat.

Es steht im Augenblick 0:0. Aber es hätte auch umgekehrt lauten können.

(Heribert Faßbender liebt es torlos)

Es steht 0:0 nach Nicht-Toren.

(Nochmal Faßbender, noch mal torlos)

Ein Tor muss her, soll es nach 90 Minuten nicht noch so stehen wie jetzt!

(Und nochmal Heribert Faßbender)

Es sind noch 45 Minuten zu spielen. Ich denke, das gilt für beide Teams.

(Brian Marwood hat beide Seiten im Blick)

Es hat 45 Minuten gedauert, bis wir aufgewacht sind. Das war blöd.

(Marco van Hoogdalem ärgert sich über sich selbst)

Das ist nun das zweite Mal, dass er zwischen sich und dem Tor stand.

(Brian Marwood langsam genervt)

Newcastle, na klar, ungeschlagen bei seinen letzten fünf Siegen.

(Brian Moore voller Sympathie)

75 Prozent dessen, was in Paul Gascoignes Leben passiert, sind reine Fiktion.

(Glenn Hoddle noch optimistisch)

Wenn sie nicht aufpassen, werden die 33- oder 34-Jährigen bei der nächsten Weltmeisterschaft 36 oder 37 sein.

(Kevin Keegan warnt)

Heute werden Torhüter nicht geboren, bevor sie in ihren späten Zwanzigern oder Dreißigern sind.

(Kevin Keegan über ein Wunder der Natur)

Wenn man steil von hier oben auf das Spielfeld herunterblickt, sieht man sehr schön die beiden unterschiedlichen Systeme: 3–5–1 bei der Türkei und 4–5–1 die Portugiesen.

(Reinhold Beckmann, alter Taktikfuchs)

Meine Mannschaft ist 15- oder 16-mal ins Abseits gerannt. Das haben wir auch die ganze Woche geübt.

(Manfred Krafft ist stolz)

Ich glaube nicht, dass irgendwer größer oder kleiner ist als Maradona.

(Oder doch, Kevin Keegan)

Unter Statistikern wird man sagen: Es hat schon torreichere Spiele gegeben.

(Gottfried Weise analysiert ein 0:0)

Wir wollten uns auf die Situation einstellen und haben bei 45 Grad trainiert. Das hat nicht geklappt, heute waren es 47.

(Bochums Trainer Peter Neururer ist überrascht)

Eins zeigt die Statistik ganz deutlich: Wenn Tirol kein Tor erzielt, haben sie immer entweder unentschieden gespielt oder verloren.

(Gerald Saubach hält Tirol für verloren)

Borel, der junge Torwart, 1 Meter 91 ist er alt.

(Werner Hansch zeigt Größe)

Ich bin jetzt seit 34 Jahren Trainer, da habe ich gelernt, dass 2 und 2 niemals 4 ist.

(Mehr davon, Leo Beenhakker)

Die letzten zwei Heimspiele hat München 60 kein Tor gegen den VfL Bochum erzielt, heute schon zwei. Das ist eine Steigerung um 200 Prozent.

(Thomas Hermann greift zum Taschenrechner)

Wir haben 99 Prozent des Spiels beherrscht. Die übrigen 3 Prozent waren schuld daran, dass wir verloren haben.

(Ruud Gullit, der 102-Prozent-Mann)

Da müssen wir uns um 1000 Grad drehen.

(Thomas Schaaf ist schon ganz schwindlig)

Wenn du hinten zu null spielst, hast du immer einen Punkt mindestens sicher.

(Max Eberl blickt durch)

Drei Stürmer, die kein Tor machen, sind für eine Mannschaft nicht zu verkraften.

(Bremens Trainer Magath nach der 0:1-Niederlage gegen Wolfsburg)

Letztes Mal drei Treffer: zwei unten und zwei oben.
(Eins im Sinn, Rudi Cerne)

Wir haben 20 Mann. Es müssen immer zwei Mann zu Hause bleiben. Wenn er lange ausfällt, dann bleibt in Zukunft nur noch einer zu Hause.
(Basler sieht das Positive in der Verletzung von Giovane Elber)

Saarbrücken bezwang Freiburg mit 1:1.
(Klarer Sieg für Klaus Schwarze)

Das Chancenplus war ausgeglichen.
(Lothar Matthäus im Plus)

Ich glaube, dass der Tabellenerste jederzeit den Spitzenreiter schlagen kann.
(Berti Vogts glaubt das für uns mit)

Ich persönlich teile ein Fußballspiel in zwei Hälften ein: Die eine ist die erste Halbzeit, die andere die zweite.
(Heinz Lucas sucht die Schnittmenge)

Wir wollten ihn ja eigentlich umsonst haben, aber Prag wollte das nicht …
(Matthias Sammer findet 25 Millionen für Tomas Rosicky auch zu viel)

Wir dürfen nicht mehr Tore kassieren, als der Gegner schießt.
(So könnte es funktionieren, Friedhelm Funkel)

Ihr fünf spielt jetzt vier gegen drei.
(Schwierig, aber machbar, Fritz Langner)

Das ist absolut sekundär, ja tertiär, oder sogar quartiär!
(Unterprimaner Christoph John)

Das Positive war, dass wir hinten zu null gespielt haben. Das Negative war, dass wir auch vorne zu null gespielt haben.
(Einerseits, andererseits, Felix Magath)

3 mal 3 ist 6. Eigentlich wollte ich die 6 haben, aber die war schon besetzt.
(Maik Franz bedeutet die Rückennummer 33 viel)

Wir sind als Fünfter an fünfter Stelle dahinter.
(Oliver Bierhoff zur Tabellensituation des AC Milan)

Wenn schon vier Leute so viele Fehler machen, ist es vielleicht richtig, dass man auf eine Dreierkette umstellen sollte.
(Ralf Rangnick minimiert)

Zwei Chancen, ein Tor – das nenne ich hundertprozentige Chancenauswertung.
(Roland Wohlfahrts prozentuale Perfektion)

Zu 50 Prozent stehen wir im Viertelfinale, aber die halbe Miete ist das noch lange nicht!
(Rudi Völler hat die Kaution vergessen)

Wenn man ein 0:2 kassiert, dann ist ein 1:1 nicht mehr möglich.
(Aleksandar Ristić hat ja Recht)

Der FC Bayern ist wirklich das Null-plus-Ultra im deutschen Fußball.
(Non, Friedhelm Funkel)

Man wirft hier Äpfel und Birnen durcheinander.
(Berti Vogts auf dem Wochenmarkt)

Unsere Chancen stehen 70:50.
(Mindestens, Torsten Legat)

Nur 20 Prozent der Spieler halten sich im Urlaub an die Vorgaben des Trainers. Mindestens 50 Prozent erholen sich nach dem Motto: Wer sich bewegt, der wird erschossen.

(Hans Meyer desillusioniert)

Unsere Spieler können 50-Meter-Pässe spielen: fünf Meter weit und 45 Meter hoch.

(Uwe Klimaschewski verschiebt Raum und Zeit)

Ich habe kaum drei echte Abwehrspieler, da kann ich ja nicht mit einer Viererkette spielen.

(Uwe Rapolder)

Ich kann nicht mehr als schießen. Außerdem standen da 40 Leute auf der Linie.

(Toni Polster fand die Lücke nicht)

In der Schlussphase war der Pfosten der Einzige, auf den wir uns 100-prozentig verlassen konnten.

(Christoph Daum)

Unsere Chancen, das Viertelfinale zu erreichen, stehen 50:50 oder 60:60.

(Reiner Calmund)

Er sollte sich zu 90 Prozent um Rosicky kümmern. Hätte er das zu 100 Prozent gemacht, wäre nichts passiert.

(Friedhelm Funkel über seinen Spieler Emara)

Der Daum kann noch 100 Jahre spielen, er wird uns nie überholen.

(Bayern-Manager Uli Hoeneß raubt dem Trainer jede Hoffnung)

Die Deutschen haben nur einen Spieler unter 22, und der ist 23.

(Kevin Keegan wird alt)

Ja sicher. Wir im Trainerstab benoten allerdings nach «holländischen Noten». Das heißt, eine 1 ist die schlechteste Note und eine 10 die beste. Allerdings werden die 1 und 2 nie vergeben. Eine 3 erhält z. B. ein Spieler, den ich einwechsle und der sich dann so anstellt, dass ich ihn eigentlich sofort wieder rausnehmen müsste. Eine 5 ist die Durchschnittsnote und eine 8 gibt es immer nur für den Trainer. Die 9 und 10 gibt's auch nicht – die sind für die Götter.

(Hans Meyer hat eine ganz eigene Beziehung zu Noten)

Wenn man auf Platz 7 steht, kann man nicht mehr Platz 15 als Ziel haben.

(Peter Pander ganz schlüssig)

Nowotny – für mich einer von vier, die gesetzt sind. Außer ihm noch Kahn, Bierhoff, Kirsten und Matthäus.

(Macht fünfe, Béla Réthy)

Man wartet und wartet – bis er 40 Jahre alt ist.

(Sagt Franz Beckenbauer über Andreas Möller)

Zwei Schiedsrichter sind mehr als ein Schiedsrichter.

(Mag sein, Gernot Rohr)

Ich habe in einem Jahr 16 Monate durchgespielt!

(Franz Beckenbauer kann sich an jeden einzelnen Monat erinnern)

Zwei Minuten gespielt, noch immer hohes Tempo.

(Holger Obermann ist beeindruckt)

Für das Spiel Paris St. Germain gegen Rosenborg Trondheim darf ich Ihnen auf jeden Fall schon einmal 900 Prozent mehr Tore versprechen.

(Birte Karalus nach dem 0:0 der Bayern gegen Helsingborg ...)

Wenn die Hamburger jetzt in der Abwehr gut stehen und kein Tor mehr zulassen, werden sie auf jeden Fall nicht mehr verlieren.

(Marcel Reif beim Stande von 1:0 für den HSV)

Er kann nicht nein sagen. Wenn er eine Frau wäre, hätte er bestimmt schon 20 Kinder.

(Charly Neumann warmherzig über Günter Eichberg)

Man kennt das doch: Der Trainer kann noch so viel warnen, aber im Kopf jeden Spielers sind zehn Prozent weniger vorhanden, und bei elf Mann sind das schon 110 Prozent.

(Werner Hansch gibt mehr als 110 Prozent)

Ob wir die Besten waren, weiß ich nicht. Auf jeden Fall sind wir Tabellenerster.

(Karl-Heinz Rummenigge weiß, worauf es ankommt)

Wenn man 0:5 verliert, ist man immer am Boden zerstört.

(Die Lauterer verloren allerdings nur 0:4, Otto Rehhagel)

Wir gewinnen heute 1:1.

(Gerechter Sieg für Edgar Geenen)

Je länger das Spiel dauert, desto weniger Zeit bleibt.

(Marcel Reif hat es nun auch begriffen)

Der Kiraly, der spielt, als wäre er gern der zwölfte Feldspieler.

(Fritz von Thurn und Taxis hat den Überblick)

Es steht im Augenblick 1:1. Aber es hätte auch umgekehrt lauten können.

(Heribert Faßbender, seitenverkehrt)

Der Ball liegt circa 22,40 Meter vorm Tor.

(Heinz Maegerlein präzise)

Zu spielen: noch eine halbe Stunde, sogar noch etwas drüber, also noch 15 Minuten.

(Allzu kurzer Blick auf die Uhr, Werner Schneyder)

Ich weiß, dass ich ein großer Spieler bin.

(Roque Santa Cruz misst nicht nochmal nach)

Es darf nicht dazu kommen, dass die Torhüter nur noch 1,60 Meter groß sein dürfen, nur damit mehr Tore fallen.

(Gerhard Mayer-Vorfelder regelgerecht)

Was der Rudi Bommer heute mit seinen 800 Jahren geleistet hat, war schon phänomenal.

(Althistoriker Dragoslav Stepanovic)

BERUF & KARRIERE

Merkwürdig eigentlich, dass immer mehr Bundesligaprofis Abitur machen, die guten, alten Lehrberufe hingegen völlig aus der Mode sind. Früher wurde nämlich vor der großen Laufbahn noch brav eine Ausbildung gemacht, und es hat auch nicht geschadet. Otto Rehhagel war z.B. vorbildlicher Anstreicher. Oder Lothar Matthäus: Als der noch ganz jung war und in Herzogenaurach wohnte, kam die Frage auf, was denn aus dem Knaben mal werden solle. Konnten ja schließlich weder Lothar selbst noch die Eltern ahnen, dass eine Karriere als Rekordnationalspieler und gar als Nationaltrainer Ungarns wartete. Also wurde der junge Matthäus erst einmal Raumausstatter, also einer, der Gardinen richtet und Einbauschränke platzsparend an die Wände bringt. Wer da jetzt hämisch kichert, weil er sich den Lothar so gar nicht als kundige Gardinenfachkraft vorstellen kann, hat keine Phantasie und keinen Sinn fürs Praktische. Denn es ist ja so: Selbst wenn er irgendwann einmal im Fußball keine Anstellung mehr findet, muss sich Lothar keine Sorgen machen: Er hat schließlich was Anständiges gelernt.

Wenn Sie mich heute Scheiße fragen, wissen Sie auch nicht, ob Sie morgen noch Ihren Job haben.

(Andreas Brehme vergleicht Äpfel mit Birnen, nachdem er gefragt wurde, ob er glaube, am nächsten Tag noch Trainer des 1. FC Kaiserslautern zu sein)

Von dem würde ich mich nicht behandeln lassen. Ich gehe nur zu Ärzten meines Vertrauens.

(Bernd Krauss meckert über Dentist und Schiedsrichter Markus Merk)

So serviert ein Oberkellner das Essen.

(Gerd Rubenbauer über eine Parade David Seamans)

Wenn Lothar Matthäus Trainer in Ungarn wird, dann werde ich ja wohl auch Trainer sein können.

(Stefan Effenberg hat die berufliche Weiterbildung im Visier)

Der Mörder bin ich nicht. Und mit Fußball hat meine Rolle auch nichts zu tun; das können andere ja besser.

(Ex-Bundestrainer Berti Vogts zu seiner Nebenrolle im Tatort)

Ich rieche Gas.

(Sagt Vogts im Tatort)

Das Kaninchen hat uns alle gerettet.

(Auch Vogts, auch im Tatort)

Streng dich an – vielleicht wird das ja ein neuer Beruf für dich!

(Justin Vogts über die Tatort-Rolle seines Herrn Papa)

Verstärken können die sich, aber nicht auf der rechten Seite. Da bin ich. Ich komme selber aussem Pott. Mein Vater war auf der Hütte. Wenn ich wieder fit bin, zeig ich denen, wat malochen heißt.

(Torsten Legat selbstbewusst)

Der Suker ist natürlich ein Stehgeiger, der rumsteht.

(Franz Beckenbauer liebt musikalische Unterhaltung)

Was, der Kapellmann wird Arzt? Der wird doch Doktor!

(Manfred Kaltz kennt feine Unterschiede)

Wenn ein 16-Jähriger, der mit Ach und Krach unfallfrei den Ball stoppen kann, mit drei Beratern erscheint, um einen Millionenvertrag auszuhandeln, ertrage ich das einfach nicht.

(Bernhard Dietz über seinen Rückzug zu den Amateuren)

Adidas – zwei, drei Tage Arbeit im Monat. So wie Klinsmann.
(Was machen Sie nach dem Fußball, Stefan Effenberg?)

In der Pause hatte ich schon gefragt: «Wo ist das nächste Arbeitsamt?»
(Kevin Keegan zieht schon mal eine Marke. Sein Team von Manchester City schlägt nach 0:3-Pausenrückstand Tottenham noch mit 4:3)

Schiedsrichter kommt für mich nicht in Frage, schon eher etwas, was mit Fußball zu tun hat.
(Lothar Matthäus bleibt bei seinen Leisten)

Er ist clever und abgebrüht, aber kein Schweinepriester.
(Reiner Calmund entlastet Klaus Toppmöller)

Das spricht vielleicht für eine schlechte Vereinskarriere – aber das war ein Höhepunkt meiner Laufbahn!
(Jan-Aage Fjörtoft beantwortet die Frage, was ihm der Siegtreffer gegen Bayern München bedeutet)

Dann lebe ich in Oslo, spiele immer noch Fußball und bin immer noch so langsam …
(Was machen Sie mit 85 Jahren, Jan-Aage Fjörtoft?)

Das wird teilweise so hingestellt, als würde einer, der vorher in der Kneipe gearbeitet hat, jetzt auf den Trainingsplatz gestellt.
(Trainer Holger Fach sorgt sich um seinen Ruf)

Wenn mein Vater da gewesen wäre, hätte sich mein Leben vollkommen anders entwickelt. Viel zielgerichteter. Dann wäre meine Mutter zu Hause gewesen. Ich hätte vernünftig für die Schule gearbeitet, einen normalen Beruf erlernt und wäre nicht in den Fußball abgedriftet.
(Felix Magath auf der schiefen Bahn)

Skibbe wäre ein guter Co-Trainer.

(Michael Rummenigge wenig schmeichelhaft über den damaligen BVB-Coach)

Die junge Generation ist total versaut, die können sich ja nicht mal allein eine Wohnung suchen oder am Landratsamt anmelden.

(Werner Lorant nostalgisch)

Ich bin ein erfahrener Cowboy. Dem kann niemand in die Satteltasche pinkeln.

(Friedel Rausch riecht streng)

Ich sehe in der Bundesliga Spieler, denen springt beim Stoppen der Ball weiter vom Fuß, als ich ihn jemals schießen konnte.

(Horst Köppel entsetzt)

Was soll ich mit diesem Kugelstoßer?

(Dettmar Cramers indignierte Frage, als der junge Gerd Müller zu Bayern München kam)

Entweder stellt er den runter oder er pfeift Tischtennis.

(Eduard Geyer sucht nach beruflichen Alternativen für Referee Lutz-Michael Fröhlich, der einen Spieler des Gegners nicht des Feldes verwies)

Höchstens als Karnevalsprinz.

(Karl-Heinz Körbel kann sich in Mainz nur eine Tätigkeit vorstellen)

Ich hatte gedacht, dass die Eintracht sich schon etwas aufgebaut hat, ich war richtig erschrocken: Die hatten nur das Kicker-Sonderheft.

(Karl-Heinz Körbel über das Scoutsystem von Eintracht Frankfurt)

Jeder, der heute einen Profivertrag unterschreibt, glaubt, einen Ball stoppen zu können. Das ist ein Irrtum.

(Klaus Augenthaler klärt auf)

Magaths Training ist wie ein Zahnarzttermin. Man fürchtet sich vorher, aber danach fühlt man sich besser.

(Jan-Aage Fjörtoft zückt sein Bonusheft)

Der Akpoborie nimmt euch die Arbeitsplätze weg.

(Otto Rehhagel weiß, wie es ist)

Es ist traurig, wie sich Minderjährige eines solchen Spiels bemächtigen können. Wenn der Rechtsstaat ein bisschen mehr erlauben würde: Ich hätte die Rotznasen alleine rausgeprügelt. Am liebsten hätte ich die Rowdys per Lastwagen in den Braunkohle-Tagebau abtransportiert.

(Ganz alte Schule, Eduard Geyer)

Manche von den Jungs haben eine Berufsauffassung wie die Nutten von St. Pauli. Die rauchen, saufen und huren rum, gehen morgens um 6 Uhr ins Bett und haben am nächsten Tag ein Spiel.

(Geyer sehr moralisch)

Erste Pass gleich scheiße!

(Dragoslav Stepanovic desillusioniert beim ersten Training in Frankfurt)

Wir überlegten, jemanden vom Arbeitsamt zu holen, der den Spielern Alternativberufe zeigt.

(Christoph Daum motiviert)

PHILOSOPHIE

Über den Fußball ist schon viel Schlaues und viel Dämliches gesagt worden. Viele Fachleute, Philosophen und Gesellschaftstheoretiker haben sich den Kopf über die Bedeutung des Fußballs für die Gesellschaft, die Kultur, die Wirtschaft und den Verteidigungshaushalt 2007/2008 zerbrochen. Schwer in Mode war lange Zeit vor allem, den aktuellen Bundeskanzler mit dem aktuellen Bundestrainer zu vergleichen und nach Gemeinsamkeiten zu suchen. Oder auch das Theater mit dem Fußball zu vergleichen. Auch schön der Satz des einstigen FAZ-Kulturkorrespondenten Karl-Heinz Bohrer: «Netzers Pässe atmeten den Geist der Utopie»: Auf so was muss man erst mal kommen. Der Fußballer Adi Preißler brachte die Diskussion relativ fix auf den Punkt: «Grau ist alle Theorie, wichtig ist auf'm Platz.»

Es ist nicht immer alles wahr, was stimmt.

(Und gelogen ist, was unwahr ist, Stefan Wessels)

Zuerst hatten wir kein Glück, und dann kam auch noch Pech dazu.

(Armer Jürgen Wegmann)

Österreich verliert einen Punkt, man kann sogar sagen, verliert zwei Punkte.

(Gottfried Weise ganz exakt)

Wir waren immer überzeugt von ihn.

(Andreas Brehme lobt Lincoln)

Das Unmögliche möglich zu machen wird ein Ding der Unmöglichkeit.

(Andreas Brehme glaubt daran)

Die Alarmglocken läuten leise.
(Gottfried Weise hört hin)

Ein Spiel ist nicht gewonnen, bis es verloren ist.
(David Pleat gibt nie auf)

Der Ball kann überall hingehen, und das macht er meistens.
(Brian Marwood kennt ihn persönlich, den Ball)

Pokalspiele haben seine eigenen Gesetze.
(Andreas Brehme seine Meinung)

Und das wird sich auch weiter so voraussetzen.
(Andreas Brehme blickt in die Zukunft)

Wer letztlich nicht schießt, schießt auch nicht vorbei.
(DFB-Präsident Egidius Braun kommentiert den Vorschlag, die Fußball-WM alle zwei Jahre auszurichten)

Ich will keine Karotten, ich will Möhren.
(Volker Abramczik macht keine Kompromisse)

Ich werde nicht akzeptieren, dass gesagt wird: Die Mannschaft ist ein Scheißhaufen. So einfach ist es nicht. Logisch sind wir ein Scheißhaufen. Aber das ist nicht der einzige Punkt.
(Einzig und allein Christian Ziege)

Wie so oft liegt auch hier die Mitte in der Wahrheit.
(Rudi Völler zentriert)

Das war nicht ganz unrisikovoll.
(Karl-Heinz Rummenigge um drei Ecken)

Wenn wir alle schlagen, können wir es schaffen.
(Horst Hrubesch kennt die Regeln)

Die Karten sind neu gewürfelt.
(Fullhouse für Oliver Kahn)

Die Luft, die nie drin war, ist raus aus dem Spiel.
(Gerd Delling kurzatmig)

Da muss dann mal einer die Hand ins Heft nehmen.
(Das hat Hand und Fuß, Thomas Helmer)

Durch Bierhoffs Einwechslung hat sich nichts geändert. Im Gegenteil.
(Jemand zu Hause, Béla Réthy?)

Wenn wir nicht 0:1 zurückliegen würden, könnten wir 1:0 führen.
(Hätte, wenn und aber, Kuno Klötzer)

Baslers Freistöße sind wie das wirkliche Leben: Mal weich und kurz, mal hart und lang.
(Jörg Wontorra philosophisch)

Wir brauchen wieder Spieler, die Gras fressen. Und wenn es sein muss, rohes.
(Jürgen Friedrich botanisch)

Ich habe versucht, schnell allen zu sagen, dass wir nur ein Tor brauchen. Leider sind wir nie vors Tor gekommen.
(Fredi Bobic weiß auch nicht mehr weiter)

Wir erinnern uns: Gegen Portugal gab es schon mühevolle Unentschieden- und Remis-Spiele.
(Wolf-Dieter Poschmann, schiedlich-friedlich)

Ich habe nur immer meinen Finger in Wunden gelegt, die sonst unter den Tisch gekehrt worden wären.
(Da liegen sie nun, Paul Breitner)

Im Großen und Ganzen war es ein Spiel, das, wenn es anders läuft, auch anders hätte ausgehen können.
(Im Kleinen und Speziellen aber doch nicht, Eike Immel)

Die Brusttasche des Schiedsrichters ist wie ein Toaster. Bei jedem Tackling springt eine gelbe Karte raus.
(Haushaltshilfe Kevin Keegan)

Ich war schon vor zwei Jahren in Nantes, und es ist immer noch dasselbe, außer dass alles völlig anders ist.
(Kevin Keegan in einer anderen Welt)

Der Ersatzspieler kommt gleich rein – es handelt sich um einen Spieler, der nicht in der Anfangsformation stand.
(Schon klar, Kevin Keegan)

Ball rund muss in Tor eckig!
(Du sein Helmut Schulte)

Das größte Problem beim Fußball sind die Spieler. Wenn wir die abschaffen könnten, wäre alles gut.
(Problem erkannt, Problem gebannt, Helmut Schulte)

Wir stecken mitten im Abschiedskampf.
(Mario Basler sagt leise servus)

Wir müssen diese elementaren Fehler abstellen. Das ist schwerer gesagt als getan.
(Eduard Geyer und die Elemente)

Wenn der Ball am Torwart vorbeigeht, ist es meist ein Tor.
(Mario Basler ganz schlüssig)

Das Spiel ist zu weit, zu eng.
(Wolfram Esser weiß auch nicht so recht)

Kickenbacher Offers.

(Wolfram Esser verdreht)

Freundschaften zählen für mich sehr, aber nicht in diesem Geschäft. Ich habe Jürgen Gelsdorf vor die Tür gesetzt, der war sogar mein Trauzeuge.

(Reiner Calmund ganz hart)

Der Ball ist ein Sauhund.

(Rudi Gutendorf schimpft mit dem Spielgerät)

Vor allen Dingen nach vorne hatten wir wenig Chancen.

(Hinten hingegen alles paletti, Eberhard Vogel)

Wir stecken zur Zeit in einer Ergebniskrise.

(Toni Schumacher als Trainer von Fortuna Köln)

Das ist kein Unvermögen. Bei uns ist das Kunst.

(Tschik Cajkovski meldet Dieter Müller zur Documenta an)

Wer hinten steht, hat das Pech der Glücklosen.

(Besonderes Pech für Helmut Schulte)

Er spielte ohne Tal und Fehdel.

(Jochen Hegeleit auf der Höhe)

Wir haben die Chancenverwertung nicht verwertet.

(Andreas Brehme in der Verwertungskette)

Wir haben zu wenig Spiel ins Tempo gebracht.

(Eduard Geyer braucht ein Taschentuch)

Zum Glück ist die Mannschaft nach dem Spiel besser ins Spiel gekommen.

(Ein bisschen zu spät, Andreas Brehme)

Wenn der Schiri den Elfmeter gibt, dann hätten wir noch was zerreißen können.

(Andreas Brehme, innerlich zerrissen)

Er kam nicht ins Spiel und wurde dann immer schlechter.

(Felix Magath über Ioan Viorel Ganea)

Das Spielfeld war zu lang für Doppelpässe.

(Berti Vogts verzweifelt langsam)

Für uns war die Trainerfrage nie eine Trainerfrage.

(Eine Antwort von Roland Schmider)

Wenn man keine Tore macht, ist's ganz schwer, ein Spiel zu gewinnen.

(So ist das, Reinhold Fanz)

Wir wissen alle, dass Mario nicht gesagt hat, was er gesagt hat, was er gesagt haben soll, dass er es gesagt hat.

(Berti Vogts)

Aus Scheiße kann man keine Bonbons machen!

(Alchimist Hansi Kreische)

Wir werden alle Gewissheiten bis zuletzt ausschöpfen.

(Gewiss, Berti Vogts)

Ja gut, ich sag mal so: Woran hat's gelegen? Das ist natürlich die Frage, und ich sage einfach mal: Das fragt man sich nachher natürlich immer.

(Olaf Thon bleibt die Antwort schuldig)

Für uns wäre es besser gewesen, wenn wir heute gewonnen hätten.

(Ohne Zweifel, Erich Ribbeck)

Ich bin so ein Typ, der immer am Lachen ist. Okay, es gibt Tage, wo man einfach nicht lachen kann.

(Gerald Asamoah sieht's ein)

Ich will jetzt nicht noch zusätzlich Feuer ins Öl gießen.

(Friedel Rausch im Gussfeuer)

Wenn ein Tor fällt, können noch mehr fallen. Aber es muss erst mal eins fallen.

(Erich Ribbeck, von Fall zu Fall)

Wir haben ein Abstimmungsproblem – das müssen wir automatisieren.

(Berti Vogts, ferngesteuert)

Schalke hat das Mittelfeld schnell überbrückt, mit schnellen, äh, Mittelfeldspielern.

(Berti Vogts, mittelmäßig)

Grundsätzlich ist es so, dass andere Mannschaften von den Möglichkeiten her mehr Möglichkeiten haben.

(Claus-Dieter Wollitz macht's möglich)

Das nächste Spiel ist immer das nächste.

(Nächster Versuch, Matthias Sammer)

Die Wahrscheinlichkeit, nicht Meister zu werden, ist größer als die Wahrscheinlichkeit, dem Abstieg nicht zu entgehen.

(Dettmar Cramer, Professor für Mathematik)

Mal verliert man. Und mal gewinnen die anderen.

(So ist das Leben, Otto Rehhagel)

Die Situation ist bedrohlich, aber nicht bedenklich.

(Friedhelm Funkel weiß zu beruhigen)

Ein Spiel zu gewinnen ist leichter, wenn man gut spielt als wenn man schlecht spielt.

(Ewige Weisheiten von und mit Johan Cruyff)

Wenn bei Auswärtsspielen keiner ruft: «Kirsten, du Arschloch», dann weiß ich genau, dass ich schlecht bin.

(Ulf Kirsten deutet Zeichen)

Resignation ist der Egoismus der Schwachen.

(Jörg Berger auf Hartz IV)

Der Ball ist rund. Wäre er eckig, wäre er ja ein Würfel.

(Zauberwürfel Gyula Lorant)

Sicherlich haben wir im Moment einen kleinen Lauf, aber Lauf heißt ja bekanntlich Lauf, weil's von laufen kommt.

(Was wiederum heißt, Matthias Sammer?)

Vom Willen her hat die Mannschaft schon gewollt.

(Aber, Eduard Geyer?)

Wir müssen das alles nochmal Paroli laufen lassen.

(Halsbonbons für Horst Hrubesch)

Es sind Worte gefallen. Jetzt werden Taten fallen.

(Wohin, Huub Stevens?)

Wir müssen jetzt mit dem Boden auf den Füßen bleiben.

(Jürgen Röber mit Bodenhaftung)

Wir haben z. Zt. einen Lauf, wo es nicht so läuft.

(Jürgen Röber läuft und läuft)

Die Eintracht ist vom Pech begünstigt.

(Karl-Heinz Körbel, alter Glückspilz)

Aus der Ferne betrachtet ist es alles nur eine Frage der Distanz.
(Klaus Toppmöller auf Abstand)

Wir sind zu stark, um da unten wieder rauszukommen.
(Klaus Toppmöller lässt alle Hoffnung fahren, läuft halt einfach alles zu gut)

Wenn wir das Problem nicht in den Griff kriegen, haben wir ein Problem.
(Problematisch für Joachim Philipkowski)

Zu den großen philosophischen Grundsatzerklärungen des internationalen Fußballs gehört eine Rede, die der damalige Bayern-Coach Giovanni Trapattoni hielt. Er skizzierte darin die grundsätzlichen Probleme eines postmodernen Kollektivs, das durch Egoismen Einzelner an äußerer Stabilität verliert und sich seiner Identität schrittweise entfremdet. Leider wurde die Rede stets nur stark verkürzt wiedergegeben und somit ihrer eigentlichen Kraft beraubt. Sicher ist allerdings, dass die Geschichtsschreibung die rhetorische Brillanz und inhaltlichen Anstöße für den zeitgenössischen Fußball zu würdigen wissen wird.

Es gibt im Moment in diese Mannschaft, oh, einige Spieler vergessen ihnen Profi was sie sind. Ich lese nicht sehr viele Zeitungen, aber ich habe gehört viele Situationen: 1. Wir haben nicht offensiv gespielt. Es gibt keine deutsche Mannschaft spielt offensiv und die Namen offensiv wie Bayern. Letzte Spiel hatten wir in Platz drei Spitzen: Elber, Jancker und dann Zickler. Wir mussen nicht vergessen Zickler. Zickler ist eine Spitzen mehr Mehmet e mehr Basler. Ist klar diese Wörter, ist möglich verstehen, was ich hab gesagt? Danke. Offensiv, offensiv ist wie machen in Platz. 2. Ich habe erklärt mit diese zwei Spieler: Nach Dortmund brauchen vielleicht Halbzeit Pause. Ich habe auch

andere Mannschaften gesehen in Europa nach diese Mittwoch. Ich habe gesehen auch zwei Tage de Training. Ein Trainer ist nicht ein Idiot! Ein Trainer sehen was passieren in Platz. In diese Spiel es waren zwei, drei oder vier Spieler, die waren schwach wie eine Flasche leer! Haben Sie gesehen Mittwoch, welche Mannschaft hat gespielt Mittwoch? Hat gespielt Mehmet, oder gespielt Basler, oder gespielt Trapattoni? Diese Spieler beklagen mehr als spielen! Wissen Sie, warum die Italien-Mannschaften kaufen nicht diese Spieler? Weil wir haben gesehen viele Male solche Spiel. Haben gesagt, sind nicht Spieler für die italienische Meisters. Strunz! Strunz ist zwei Jahre hier, hat gespielt zehn Spiele, isse immer verletzt. Was erlauben Strunz? Letzte Jahre Meister geworden mit Hamann eh ... Nerlinger. Diese Spieler waren Spieler und waren Meister geworden. Ist immer verletzt! Hat gespielt 25 Spiele in diese Mannschaft, in diesem Verein! Muss respektieren die andere Kollegen! Haben viel nette Kollegen, stellen sie die Kollegen in Frage! Haben keinen Mut an Worten, aber ich weiß, was denken über diese Spieler! Mussen zeigen jetzt, ich will, Samstag, diese Spieler mussen zeigen mich e seine Fans, mussen allein die Spiel gewinnen. Ich bin müde jetzt Vater diese Spieler, eh, verteidige immer diese Spieler! Ich habe immer die Schulde über diese Spieler. Einer ist Mario, einer, ein anderer ist Mehmet! Strunz dagegen egal, hat nur gespielt 25 Prozent diese Spiel! Ich habe fertig.

(Giovanni Trapattoni stellt klar)

Ich musste meine Jungs ins kalte Feuer werfen.

(Klaus Toppmöller hinterlässt verbrannte Erde)

Ich habe spekuliert, dass er spekuliert.

(Ziemlich viel Spekulation bei Thomas Broichs Anschlusstor gegen Lauterns Torwart Tim Wiese)

Wenn er das Tor getroffen hätte, wäre der Ball drin gewesen, aber er hat vorbeigeschossen.

(Otto Rehhagel über die normative Kraft des Faktischen)

Wir haben die fehlende Cleverness vermissen lassen.
(Lorenz-Günther Köstner, traurig)

Gut, in dieser Szene hat er sich debütieren lassen.
(Lorenz-Günther Köstner steht ganz am Anfang)

Ich bin immer offen für Kritik, nur sie muss konstruktivistisch sein.
(Michael Skibbe, dekonstruiert)

Von den Alternativen her haben wir wieder mehr Möglichkeiten.
(Spielraum für Ottmar Hitzfeld)

Wir spielen am besten, wenn der Gegner nicht da ist.
(Der Gegner auch, Otto Rehhagel)

Wer Erster ist, hat immer Recht. Ich habe also Recht. Und wenn ich Fünfter bin, können Sie wieder mit mir reden.
(Otto Rehhagel pocht auf Naturgesetze)

Also, wir haben unsere Möglichkeiten nach vorne genutzt, nur was uns fehlte, waren die Tore.
(Thomas Hörster kann alles erklären)

Wir sind nicht ins Spiel reingekommen, durchschnittlich dringeblieben und schlecht hinten rausgekommen.
(Richard Golz sieht kein Land)

Zwischenruf: Kaiserreich

Hatten noch Zweifel an Franz Beckenbauers außergewöhnlichen Fähigkeiten bestanden, so wurden sie an einem nebligen Novemberabend 1999 im Mensatrakt der Gesamthochschule Paderborn ausgeräumt. Der Kaiser hatte sich gerade nach einer Podiumsdiskussion zum Essen niedergelassen, da bildete sich bereits die obligatorische, stetig wachsende Warteschlange der Autogrammjäger. Was Franz Beckenbauer allerdings nicht weiter bekümmerte: Er aß mit seiner rechten Hand ungerührt das dargereichte Hacksteak – und unterschrieb mit links. Der Kaiser kann eben alles. Am Hacksteak und am Mikrofon.

Damals hat die halbe Nation hinter dem Fernseher gestanden.
(Franz Beckenbauer, der Kaiser, über nationale Begeisterung)

Ja, Freunde, wir können doch noch a bisserl Fußball spielen!
(Nach dem 4:2 gegen Albanien)

Wir sind guter Durchschnitt, mehr nicht. Es hat keinen Sinn, uns selbst zu beschwindeln.
(Über die WM-Chancen der deutschen Elf)

Wenn man alle außer Kahn in einen Sack steckt und draufhaut, findet man immer die Richtigen.
(Auch über die deutsche Elf)

Vielleicht haben sie die Umfrage in einem Nachtklub in der Früh um vier oder fünf Uhr gemacht.
(Zu einer Umfrage nach der Vorrunde, nachdem 70 Prozent der deutschen Bevölkerung an einen Finaleinzug der deutschen Nationalmannschaft glauben würden)

Deutschland.
(Wer wird WM-Finalist?)
England.
(Wer noch?)
Argentinien.
(Wer außerdem?)
Brasilien.
(Und wer?)

Das Führungstor war Gift für uns.
(Über einen 1:0-Sieg der deutschen Elf)

Ich finde es großartig, dass sich die Frauen immer mehr vermehren in der Bundesliga.
(Über die Frauen)

Der liebe Gott freut sich über jedes Kind.
(Über den Thronfolger)

Unsere Ehe ist stark und wir werden zusammenbleiben.
(Über Sybille, nach dem Seitensprung)

Nach langer und reiflicher Überlegung bin ich mit meiner Frau Sybille zu dem Entschluss gekommen, unseren gemeinsamen Lebensweg nicht fortzuführen!
(Auch über Sybille)

Nein, das ist Quatsch.
(Über die Gerüchte, die Weihnachtsfeieraffäre sei schon wieder schwanger)

Das ist ein Rhythmus, auf den ich mich erst einmal einstellen muss. Morgens um halb sieben kommt er angedackelt und steht vor meinem Bett.
(Über den Rhythmus, wo Franz mit muss)

Ich möchte wissen, wer ich wirklich bin.
(Über die Sinnfrage)

Erfolg ist wie ein scheues Reh. Der Wind muss stimmen, die Witterung, die Sterne und der Mond.
(Über den Erfolg)

In die Politik gehen? Da wäre ich schon längst im Gefängnis, weil ich 100 Leute umgebracht hätte, mindestens.

(Auch über das Leben danach)

Bei der EU sind Politiker zugange, die in ihrem eigenen Land gescheitert sind. Ich gebe Europa deshalb keine Chance.

(Über die EU)

Die Schweden sind keine Holländer – das hat man ganz genau gesehen.

(Und über ein Europa der Nationen)

Kann es nicht allen recht machen.

(Über seine Werbeverträge)

Der Christoph Daum, der sollte mal eine Erziehungskur machen.

(Über den ungezogenen Trainer)

Je länger ich darüber nachdenke, desto definitiver stehe ich nicht zur Verfügung.

(Über die FIFA-Präsidentschaft)

Das war das typische Foul eines Hosenscheißers: Sohle drüberhalten, Körper wegdrehen.

(Über Ronaldinho gegen England)

Wir sollten nicht alles ins Korn schmeißen.

(Über den Sportsgeist)

Vogelwilde Mannschaften.

(Über die Teams aus der unteren Bundesligahälfte)

Der läuft, da müssen alle laufen. So einfach ist Fußball.

(Über Michael Ballack)

Mir hat keiner was gesagt. Na ja, eine Versicherung halt.

(Auf die Frage, wer das neue Stadion finanziere)

Die Allianz!

(Zwei Sekunden später)

Ich genieße die Allianz Arena. Oft bleibe ich nach dem Spiel dort und rauche gemütlich eine Zigarre. Anderen gefällt es noch besser – die bleiben sogar noch zweieinhalb Stunden im Parkhaus.

(Dankbar)

Nach sieben sieglosen Spielen ist der FC Bayern auf dem Weg, sich lächerlich zu machen.

(Der ruhmreiche FC Bayern)

Zeit wird's, dass die vielen Geschäftemacher, die sich mittlerweile im Fußball tummeln, wieder verschwinden und das Feld dem Fußball überlassen.

(Über seine Arbeitgeber)

Ich habe noch nie eine große Rede gehalten. Ich habe immer gesagt, was mir gerade eingefallen ist.

(Über sich)

Es gibt nur eine Möglichkeit: Sieg, Unentschieden oder Niederlage!

(Um eine Prognose gebeten)

avea

RELIGION & LEBENSHILFE

Mitunter kommen sich Fußball und Kirche ganz nah. Stefan Effenberg hat zum Beispiel schon mal in einer Kirche gepredigt. In Amsterdam gibt es einen eigenen Friedhof für Ajax-Anhänger. Und in der Arena Auf Schalke gibt es sogar eine kleine Kapelle, in die sich Anhänger zum stillen Gebet zurückziehen können. Das ist nur konsequent, schließlich glauben Fußballfans prinzipiell fest an die Existenz des Fußballgotts, der die eigene Mannschaft vor dem Abstieg retten und den Lokalrivalen in den Abgrund stoßen soll. Bisweilen wird der Glaube an eine höhere Gerechtigkeit allerdings auch erschüttert. Als 2001 der FC Schalke vier Minuten lang Meister war und dann die sicher geglaubte Meisterschale doch nach München wanderte, stammelte Manager Rudi Assauer nur noch maßlos enttäuscht: «Ich glaube ab heute nicht mehr an den Fußballgott.» Die Kapelle in der Arena wird dennoch nicht dicht gemacht, geschlossen hat sie nur an Spieltagen. Denn Fußballgott hin oder her, Bierdosen im Weihwasserbecken müssen nicht sein.

Gottes dümmste Gabe – ist der Schwabe.

(Behaupten Fans des SC Freiburg)

Das ist zwar Gequatsche, aber es bewahrheitet sich immer wieder: Es gibt einen Gott im Fußball!

(Winfried Schäfer quatscht)

Wir werden unseren Sohn Brooklyn taufen lassen. Wir wissen aber noch nicht, in welcher Religion.

(David Beckham bevorzugt eine buddhistische Taufe)

Er hat's dann nochmal versucht, zu probieren.
(Es blieb beim Versuch, Rudi Völler)

Ich glaube nicht, dass wir das Spiel verloren hätten, wenn es 1:1 ausgegangen wäre.
(Glaube versetzt Berge, Uli Hoeneß)

Kaiserslautern wird mit Sicherheit nicht ins blinde Messer laufen.
(Franz Beckenbauer, sehenden Auges)

Es war die Hand Gottes.
(Diego Maradona erläutert die übernatürliche Entstehung eines Tores im WM-Viertelfinale gegen England bei der WM 86)

Wenn ich über's Wasser laufe, dann sagen meine Kritiker, nicht mal schwimmen kann er.
(Bergpredigt von Berti Vogts)

Egal, wie man es macht, man macht es verkehrt, also machen wir es richtig.
(Nochmal von vorn, Klaus Augenthaler)

Dahin kommen wir auch noch, dass wir solche Spiele noch klarer gewinnen.
(Peter Neururer vom VfL Bochum nach dem 5:0-Kantersieg)

Wenn wir hier nicht gewinnen, dann treten wir ihnen wenigstens den Rasen kaputt.
(Rolf Rüssmann kennt keine Gnade)

Halten Sie die Luft an und vergessen Sie das Atmen nicht!
(Johannes B. Kerner rät zum Multitasking)

Ich bin Optimist. Sogar meine Blutgruppe ist positiv.
(Toni Polster gibt alles)

Die Leistung eines Schiedsrichters ist mit irdischen Gütern nicht zu bezahlen.

(Sondern, Walter Eschweiler?)

Ich bin bärenstolz auf meine Mannschaft.

(Balu Andreas Brehme)

Wir schauen zur Champions League, um den UEFA-Cup zu erreichen.

(Merkwürdige Methoden von Krzysztof Nowak)

Obwohl man sich mit Prognosen zurückhalten sollte, gehe ich jede Wette ein, dass es ein Riesenendspiel wird.

(Johannes B. Kerner kühn)

Wir wollen unseren Aufwärtstrend positiv gestalten … nach oben!

(Karl-Heinz Rummenigge beseitigt Unklarheiten)

Grundsätzlich muss man sich überlegen, ob man dann weitermacht. Aber ich lasse mir da Zeit, ich denke da kurzfristig.

(Rudi Völler ist nach dem 1:5 gegen England ein langer ruhiger Fluß)

Am besten ist, man holt ihn ins Zelt. Es ist besser, jemand pinkelt aus dem Zelt nach draußen als von draußen ins Zelt.

(Rene C. Jäggi, designierter Präsident des 1. FC Kaiserslautern, im DSF-«Doppelpass» zur Überlegung, Oppositionsführer Andreas Kirsch mit in den Aufsichtsrat einzubeziehen)

Gary wägt immerzu seine Möglichkeiten ab, vor allem wenn er keine hat.

(Kevin Keegan ratlos)

Das Tor steht in der Mitte.

(Franz Beckenbauer peilt an)

Diese Spieler, was können nicht, können nicht deshalb nicht, weil sie nicht wollen.

(Otto Baric argumentiert schlüssig)

Energie Cottbus ist hier eine Ersatz-Religion. Da wird sogar die Tribüne hypnotisiert.

(Schlangenbeschwörer Reiner Calmund)

Es ist wichtig, dass man 90 Minuten mit voller Konzentration an das nächste Spiel denkt!

(Und dann ans übernächste, Lothar Matthäus)

Eine gefährliche Parabole aufs Tor.

(Karl-Heinz Rummenigge richtet die Antenne aus)

Keiner muss so super spielen wie ich früher.

(Bernd Schuster ganz bescheiden)

Ich komme mir vor wie ein Querschnittsgelähmter. Alle bedauern dich, aber keiner gibt dir was.

(Eduard Geyer zur Finanzsituation von Energie Cottbus)

Wenn der Kaiser spricht, legen sogar die Engel ihre Harfen beiseite.

(Max Merkel ehrfürchtig über Franz Beckenbauer)

Es ist schwer, Jürgen Kohler zu verkraften.

(Berti Vogts meinte wohl den Ausfall Jürgen Kohlers ...)

Positiv ist heute, dass wir das Eckenverhältnis klar gewonnen haben.

(Falko Götz sieht auch in einer 0:3-Niederlage noch Ermutigendes)

Ein guter Fußballer grätscht nicht.

(Glaubt Armin Veh)

Die Farbe hat mir sowieso nicht gefallen.

(Bernd Krauss, nachdem er seinen Wagen zu Schrott gefahren hatte)

Die großen Trainer haben schließlich alle gesoffen: Weisweiler, Happel, Zebec. Und ich gehöre ja auch zu den Großen.

(Prösterchen, Udo Lattek)

Es hängt alles irgendwo zusammen. Sie können sich am Hintern ein Haar ausreißen, dann tränt das Auge.

(Dettmar Cramer über struppige Allerwerteste)

Lebbe geht weida.

(Muss einem erst einmal einfallen, Dragoslav Stepanovic)

Wir hatten ein bisserl Pech. Das kommt, wenn man kein Glück hat.

(Zwangsläufig, Karl-Heinz Wildmoser)

Ich muss mich laufend entscheiden, ob ich die richtigen oder die falschen Spieler mit zur EM nehmen soll.

(Eher die falschen, Erich Ribbeck)

Ich sehe Licht am Himmel.

(Wir auch, Friedel Rausch, jeden Morgen)

Die Spieler kommen morgens um neun, trinken Kaffee, halten ein Schwätzchen, danach eine kleine Mannschaftsbesprechung, 90 Minuten Training, eine Stunde Nachbereitung. Und nachmittags gehen sie dann mit der Mutti auf die Kö nach Düsseldorf. Die können einkaufen, während andere noch an der Maschine stehen. Als Fußballprofi hat man eine herrliche Zeit.

(Hans Meyer neidisch)

Wir schwimmen im luftleeren Raum.

(Hannes Bongartz schnappt nach Luft)

Es gibt nur einen Ball. Wenn der Gegner ihn hat, muss man sich fragen: Warum? Ja, warum? Und was muss man tun? Ihn sich wiederholen!

(Giovanni Trapattoni schwenkt ins Metaphysische)

Es ist egal, ob man 24 Stunden am Tag arbeitet. Wenn man unter der Woche drei Purzelbäume macht und das Spiel gewinnt, hat man alles richtig gemacht.

(Nürnbergs Trainer Klaus Augenthaler kennt das Geschäft)

Ich glaube fest daran, dass wir vielleicht noch eine Chance haben.

(Ottmar Hitzfeld findet neun Punkte Rückstand auf Bremen nicht schlimm)

Das Schlimmste ist: Wenn der Erwartungshorizont abstürzt, dann fällt er auf den Hinterkopf.

(DFB-Chef Gerhard Mayer-Vorfelder nach Deutschlands 0:0 bei der EM gegen Lettland)

Jemand hält uns die Pistole an die Schläfe. Wenn wir nicht aufpassen, drücken wir noch selber ab.

(Stürmer Thomas Brdaric mit der Hand am Abzug)

Wir müssen weiterleben und so.

(Hilft ja nix, Dragan Trkulja)

Das Gefühl ist eigentlich das gleiche wie vor dem Spiel, mit dem Unterschied, dass wir aus dieser riesigen Minimalchance, die kleiner nicht sein konnte, eine kleinere gemacht haben, die größer geworden ist.

(Die Hoffnung stirbt zuletzt, Peter Neururer)

Wir haben hier heute das Wunder von Kaiserslautern geschafft, aber ich denke, man sollte das nicht überbewerten.

(Lothar Matthäus, ganz bescheiden)

Zum Schluss mussten wir Markus Happe einen Kompass geben, damit er den Weg in die Kabine findet.

(Reiner Calmund nordet ein)

Das ist doch Schnee von morgen.

(Jens Jeremies gibt den Wetterbericht)

BILDUNG & ERZIEHUNG

Besonders gute Fußballer sind nicht immer auch besonders schlau. Beispiele gefällig? Brasiliens Dribbelkönig Garrincha hatte den tiefen Teller nicht erfunden, auch spätere Heroen wie Gerd Müller, Horst Szymaniak oder Katsche Schwarzenbeck hatten kein gesteigertes Interesse an einem Magisterstudium. Was allerdings großen Karrieren auf dem Spielfeld keineswegs im Wege stand. Schließlich muss vor einem kühnen Pass in die Spitze nicht erst noch schnell der kategorische Imperativ oder ein althochdeutsches Traktat analysiert werden. Andererseits drängt sich die Frage auf, ob nachgewiesene Blödheit eventuell nicht doch ein wenig nachteilig ist. Aber Mario Basler hatten wir ja schon.

Du sagst nicht Idiot zu mir! Ich weiß, was du im Kopf hast, und ich weiß, was ich im Kopf hab – du sagst nicht Idiot zu mir.

(Dieter Hoeneß möchte von Franz Beckenbauer nicht «Idiot» genannt werden)

Um zu rennen und zu kämpfen, braucht man kein Abitur.

(Christoph Daum geht noch zur Schule)

Das ist ein Niveau! Du bist ein Gossenjunge!

(Jens Lehmann rügt Carsten Jancker, der in seine Richtung gespuckt hatte)

Der springende Punkt ist der Ball!

(Dettmar Cramer durchschaut die Sache)

Die Schwächeren haben heute die Dümmeren geschlagen.

(HSV-Trainer Klaus Toppmöller nach dem 0:1 der Hamburger gegen den FC Bayern München)

Wir haben den Hohn und Spott der Zuschauer verdient.

(Werder Bremens Trainer Felix Magath nach einer Pleite gegen Hansa Rostock)

Vor der schriftlichen Prüfung hatte ich etwas Angst, denn ich habe bisher nur Autogramme geschrieben.

(Ernst-Günther Habig über sein Fußballlehrer-Diplom)

Ich werde einen Teufel tun und Ewald widersprechen. Der Ewald hat sich ja alles ganz genau notiert.

(Felix Magath über eine Analyse von Zettel-Ewald Lienen)

Ob Rotationsprinzip oder Detonationsprinzip: Hauptsache, wir gewinnen!

(Christoph Daum detoniert)

Wir haben ungefähr 27 Gruppen im Kader. Wir treten an unter der Prämisse der Artenvielfalt.

(Christoph Daum über die Grüppchenbildung in seinem Team)

Liverpool schlägt Alaves durch Golden Eigentor mit 5:4.

(Béla Réthy polyglott)

Im Mittelfeld gibt es eine Konservation von Spielern.

(Günter Netzer in der Büchse)

Da herrschte plötzlich ca. 15–20 Minuten lang Konfusität im eigenen Strafraum.

(Dirk Lottner verliert den Überblick)

Ailton rennt nur immer nach vorn und geradeaus. Als die technisch versierten Brasilianer das Kombinieren geübt haben, hat er wohl gefehlt.

(Andreas Herzog charakterisiert den knuffigen Ailton)

Unser Trainer lernt jetzt Spanisch. Alles, was ich weiß, ist, dass Doppelpass nicht Paso doble heißt.

(Dieter Hoeneß über das Hobby von Jürgen Röber)

Ich habe früher auch die großen Philosophen gelesen. Doch dann habe ich gemerkt, dass die von meinem normalen Denken absolut abweichen. Jetzt lese ich nur noch Fußballfachbücher.

(Peter Neururer, aus Schaden klug geworden)

Es braucht eine gewisse Intelligenz, um die Zusammenhänge in der Bundesliga zu begreifen.

(Winfried Schäfer hat sie)

Ich denke, ich werde morgen 24.

(Glaubt Miroslav Klose)

Klaus Augenthaler hat mir mal gesagt, dass man beim FC Bayern mit Messer und Gabel isst – nur weil ich die Kartoffel mit der Hand von der Schüssel auf den Teller befördert habe.

(Carsten Jancker, ungerecht behandelt)

Wenn wir ein Quiz machen würden unter den Trainern in Deutschland, wer am meisten Ahnung hat von Trainingslehre, Psychologie, und der Trainer mit den besten Ergebnissen kriegt den besten Klub – dann wäre ich bald bei Real Madrid.

(Peter Neururer löst schon mal das Flugticket)

Wer so doof ist, gehört nicht in die Bundesliga.

(Eduard Geyer über seinen Spieler Laurentio-Aurelian Reghecampf)

Ich bin mir nicht im Klaren darüber, ob ich das Regelwerk noch kenne!

(Felix Magath kommt über die Leistung des Schiedsrichters nicht hinweg)

Der Genuss von Zuckerlimonade beeinträchtigt die Trainingsadaption.

(Peter Neururer sagt: Cola nix gut)

Es war ganz interessant und handelte von einer Familie. Den Titel weiß ich nicht mehr.

(Mario Basler referiert sein letztes Buch)

In der ersten Halbzeit haben wir ganz gut gespielt, in der zweiten fehlte uns die Kontinu…, äh Kontuni…, ach Scheiß-Fremdwörter: Wir waren nicht beständig genug!

(Pierre Littbarski wählt den einfachen Weg)

Da wird Handspiel repariert!

(Wilfried Mohren in der Werkstatt)

Preuß kam für den angeschlagten Lösch.

(Markus Jestädt schlägt an)

Schuld am schlechten Spiel der Hamburger ist die fehlende Präzisität.

(Unpräzise, Jörg Wontorra)

Die Torhüter spinnen alle ein bisschen. Ich kannte mal einen, der schrieb einen Brief deshalb langsam, weil er wusste, dass seine Mutter nur langsam lesen konnte.

(Tschik Cajkovski)

Keegan gehört, wie zuvor Glenn Hoddle, einer Generation an, von der viele junge Männer und Frauen zu früh von der Schule abgegangen sind.

(Der «Guardian» urteilt erbarmungslos)

Ich wage eine Prognose: Es könnte so oder so ausgehen.

(So sei es, Ron Atkinson)